쉽게 읽는
진정한 기독교

윌리엄 윌버포스 지음 | 조계광 옮김

제임스 휴스턴 편집

REAL CHRISTIANITY
edited by Dr. James M. Houston
from the work of William Wilberforce

Copyright © 1982, 1997 James M. Houston
Originally published in English under the title
REAL CHRISTIANITY
Published by Bethany House Publishers,
11400 Hampshire Ave. S.,
Minneapolis MN 55438, USA
All rights reserved.

Korean Edition published by Word of Life Press, Seoul 2001, 2009
Translated and published by permission.
Printed in Korea.

쉽게 읽는
진정한 기독교

ⓒ **생명의말씀사** 2001, 2009

2001년 6월 10일 1판 1쇄 발행
2009년 1월 20일 2판 1쇄 발행

펴 낸 이	김창영
펴 낸 곳	생명의말씀사
등 록	1962. 1. 10. No.300-1962-1
주 소	110-101 서울 종로구 송월동 32-43
전 화	(02)738-6555(본사), (02)3159-7979(영업부)
팩 스	(02)739-3824(본사), 080-022-8585(영업부)

기획편집	김정옥, 이은정
디 자 인	박인선
제 작	신기원, 오인선, 홍경민
마 케 팅	이지은, 선승희, 박혜은
영 업	박재동, 김창덕, 김규태, 이성빈, 김덕현, 황성수
인 쇄	영진문원
제 본	정문바인텍

ISBN 978-89-04-03113-9

저작권자의 허락없이 이 책의 일부 또는 전체를
무단 복제, 전재, 발췌하면 저작권법에 의해 처벌을 받습니다.

Real Christianity

쉽게 읽는
진정한 기독교

목차

- 편집자 서문 제임스 휴스턴 | 7
- 추천의 글 마크 하트필드 | 11

1. 기독교의 중요성에 관한 잘못된 생각 | 41

2. 인간 본성에 관한 잘못된 개념 | 53

3. 하나님과 그리스도인의 행위에 관한 잘못된 개념 | 73

4. 기독교의 본질과 도덕적 규범에 관한 잘못된 개념 | 104

5. 기독교의 탁월성 | 173

6. 기독교의 현재 상태 | 180

7. 실천적 제언 | 202

편집자 서문

책

윌리엄 윌버포스의 선언문인 이 책이 기독교 고전 시리즈로 출간되는 것은 오늘날 북미의 '다시 태어난' 문화에 적합하다. 윌버포스는 이것을 '실천적 기독교'에 관한 논문이라고 불렀다. 그가 붙인 원 제목은 '진정한 기독교에 대비시켜 본, 우리나라 중상류층의 자칭 기독교인들에게 유행하는 신앙 체계에 대한 실천적 견해'[1]라는 것이었다. 본서는 1829년에 나온 미국판을 기초로 한 것이다. 1829년 판에 비해 분량은 많이 줄었지만, 그 중심 메시지는 그대로 남아 있다.

처음 5판은 1797년에 발행되었다. 10년 전 젊은 정치가 윌리엄 윌버포

---

1. "A Practical View of the Prevailing Religious System of Professed Christians, in the Higher and Middle Classes in this Country, Contrasted with Real Christianity"

스는 한 친구로부터 필립 도드리지의 『인간의 신앙 발생과 진보』[2]라는 책을 추천받았다. 그가 그 책을 읽고 깊은 감동을 받아 쓴 책이 바로 『진정한 기독교에 대비시켜 본, 우리나라 중상류층의 자칭 기독교인들에게 유행하는 신앙 체계에 대한 실천적 견해』이다. 이 책을 출판한 출판사에서는 처음에 그 성패가 의심스러워 500부만 발행하였다. 그러나 그 해에만 5판을 찍었고 7,500부가 팔렸다. 후에 이 책은 불어, 독일어, 이탈리아어, 스페인어, 네덜란드어로 번역되었다.

저자

이 책이 사회에 미친 영향은 대단했다. 그러나 가장 큰 영향을 받은 것은 저자 자신이었다. 왜냐하면 윌버포스는 정치가이기 이전에, 그리스도인이 먼저 되었기 때문이다. 21세에 의회에 들어간 윌버포스는 영국의 젊은 수상 윌리엄 피트의 친한 친구가 되었다. 만일 그가 '인간적인 당파심을 우선' 했더라면, 정치계에서 피트의 뒤를 이었을 것이다. 그러나 25세에 그는 헌신적인 그리스도인이 되었고, 이후로 다음과 같이 고백하였다. "전능하신 하나님께서 내 앞에 두 가지 큰 목적을 주셨다. 그것은 곧 노예 매매 제도의 폐지와 영국 풍습의 개혁이다."

윌버포스가 이 책을 쓴 것은 두 번째 목적을 위한 것이었다. 정치가 에드먼드 버크Edmund Burke나 농학자 아서 영Arthur Young 등 다양한 사람들이 그로 인해 깊은 감명을 받았다. 이 책의 출판으로 인해 19세기 영국 상류

---

2. *Rise and Progress of Religion in the Soul*(1745).

층 사이에서 복음주의 기독교에 대해 진지한 관심을 가지기 시작했다고도 말할 수 있을 것이다.

월버포스가 세상을 떠날 때까지, 영국인으로서 그보다 더 널리 존경을 받은 사람은 없었다. 노예 매매 제도 폐지의 주된 공로가 윌리엄 월버포스에게 있었기 때문이다. 그리고 그 배후에는 진정한 기독교를 나타내고자 하는 그의 헌신적인 노력이 있었다.

오늘날의 메시지

오늘날 정부의 공적인 일에서 진정한 그리스도인의 역할을 가장 잘 나타내 보인 사람은 상원의원 마크 하트필드일 것이다. 존 뉴턴은 월버포스의 책에 대해 이렇게 외쳤다. "이런 책이, 이런 사람에 의해, 이런 시대에 쓰여지다니!"

상원의원 하트필드가 이 책을 추천하는 것 또한 매우 의미심장하다. 그는 어느 한쪽으로 치우치지 않은 평신도이다. 또한 우리 시대의 주요 문제에 대한 책임을 말하는 정치가이다. 그는 언행이 일치되는 인간으로서, 월버포스와 같이 이렇게 말할 수 있다. "내가 그리는 그리스도인의 모습과 내가 나타내 보이는 모습의 불일치로 인하여 인간을 싫어하지 않도록 정말 조심해야 한다!"

우리는 19세기초에 영국의 신앙을 변화시킨 책을 용기 있게 추천한 상원의원 하트필드에게 깊이 감사해야 한다. 우리는 우리 세대에 회복이 필요하다고 믿는다.

_ 제임스 휴스턴

추천의 글

누구나 역사상의 위인에게 관심이 끌리기 마련이다. 하지만, 단순한 관심을 넘어서서 그 사람의 작품이나 그 사람에 관한 전기 작가들의 글을 읽고 그를 조금이라도 닮게 된다면, 이것은 참으로 놀라운 경험이 아닐 수 없다. 또한 깊이 생각해 보면, 이러한 경우는 시간과 공간을 초월하신 하나님의 신비와 마주치게 되는 경험이기도 하다.

영국 의회의원 윌리엄 윌버포스가 저술한 책 『진정한 기독교에……대한 실천적 견해』를 새롭게 편집하게 되었는데, 이는 적절한 일이라고 생각한다. 본서는 지금까지 그에 관해 기록된 많은 글들과 더불어, 나뿐 아니라 사람들이 알고 있는 윌버포스에 관한 이해를 한층 더 높여 줄 것으로 기대된다. 윌버포스는 의정 활동이나 개인적인 삶에서 역사가 입증하는 삶을 살았다. 지금도, 사람들의 삶 속에 그의 삶과 정신이 살아 있다. 역사상에 이런 인물이 존재했다는 사실을 아는 것만으로도 내게 얼마나 큰 힘이 되는지 모른다. 윌버포스의 책은 고전에 속한다. 그의 책을 제임스 휴스턴 박사가 다시 재편집했다. 이 책을 읽는 사람은 "힘을 얻고 더 얻는다"시 84:7는 성경의 진리가 무엇을 뜻하는지 경험하게 될 것이라 확신한다.

윌버포스의 이 책은 나 자신의 삶을 깊이 재고해 볼 수 있는 영감을 내게 주었다. 그의 책을 통해 나는 깊이 반성했을 뿐 아니라, 마음에 커다란 격려를 얻게 되었다. 윌버포스는 클래펌 협회Clapham Society를 설립했다. 그는 이곳을 통해 복종, 겸손, 가족 사랑 및 기독교의 여러 가지 이상을 실천해 나갔으며, 이러한 이상을 실현할 법률 제정에 힘썼다. 그가 가르친 교훈들은 참으로 위대한 것들이었다. 200년이 지난 지금, 그의 사상이 다시금 성경적인 신앙과 실천을 위한 밝은 횃불이 되고 있다.

요한복음 서론부의 말씀에서, 우리는 '태초의 말씀'이 육신이 되어 우리와 함께 거하시매 은혜와 진리가 충만하더라는 내용을 발견하게 된다. 이 말씀은 현재는 물론 과거와 미래에도 변함없는 명백한 진리다. 이 위대한 진리의 빛은 지금까지 결코 꺼진 적이 없었다. 이 빛은 윌버포스 당시 잉글랜드의 클래펌 협회에서 한마음 한뜻이 되었던 사람들을 비추었을 뿐만 아니라, 문화와 문명의 여명이 밝을 때마다 계속 이어져 왔고, 마침내 오늘날 우리의 시대에까지 이르게 되었다. 우리는 이 빛난 광선을 통해 소망을 갖게 된다. 하나님이 자신을 낮추어 사람이 되셨기 때문에, 우리가 그분과 인격적인 사귐을 갖게 되었고, 우리의 삶을 변화시켜 그분의 목적을 위해 살 수 있게 되었다. 나아가, 우리는 장차 만물이 어느 날 갑자기 새 하늘과 새 땅으로 변하게 될 날이 오리라는 복음을 가지고 있다.

우리는 세기를 초월하는 이 밝은 빛 가운데 서 있다. 이 빛을 통해 우리는 의회의원이었던 우리의 형제 윌버포스와 한마음이 된다. 윌버포스의 삶의 가장 뛰어난 특징은, 그가 의정 활동과 개인 생활을 통해 일찍부터 확신을 가지고 관계를 형성하는 일에 초점을 맞추려 했다는 점이다. 그는 권모술수를 사용하거나 권력으로 농간을 부리는 일과는 거리가 멀었다. 그 대신, 자기 주변에 있는 사람들에게 사랑으로 긍휼, 정의, 자비를 베푸는 삶을 실천함으로써 그리스도의 말씀을 구현하고자 애썼다. 그는 심지어 자신을 대적하는 사람들에게까지 동일한 사랑을 베풀었다.

나도 윌버포스처럼 정치 활동 초기부터 성경의 진리에 충실하려면 반드시 관계의 정치를 펼쳐 나가야 한다는 소신을 갖게 되었다. 그의 나이와 비슷한 시기였다. 윌라미트 대학에서 가르치는 동안, 나는 여러 명의 영적 동지들을 사귀게 되었다. 그 가운데 더그 코우라는 형제가 있었다. 그는 당시 오레곤 주의 살렘에 있던 '영 라이프'라는 단체의 지도자였다. 나는 그에게서 관계란 모든 외형적인 차이를 초월하는 본질을 가지고 있음을 배웠다. 그들은 하나님께 사로잡힌 사람들이었으며, 삶을 통해 하늘나라의 이상을 구현하려고 했던 사람들이었다. 나는 그들을 통해 영적인 삶을 산다는 것이 무엇인지를 철저하게 배우게 되었다.

나는 학생들에게 확신을 가지고 자신의 정치 철학을 정립해야만 다른 사람들의 말에 이리저리 흔들리지 않는 공직자가 될 수 있다고 가르쳤다. 그 이전에, 더그 코우도 똑같은 방식으로 나의 종교적 확신은 무엇에 근거해 있느냐고 물었다. 나는 이 질문을 통해 나 자신이 얼마나 영적으로 빈곤하고, 또한 그리스도께 대한 헌신이 부족한가를 깨닫게 되었다.

나는 그때의 경험을 통해 그리스도께 다시금 헌신을 다짐하게 되었을 뿐 아니라, 신앙은 관계를 지향한다는 사실을 알게 되었다. 나는 이러한 깨달음을 바탕으로 관계의 정치학을 생각하게 되었다. 말하자면, 이데올로기적인 순수성을 가려내는 것보다 인간 상호간의 관계 구축 및 인간의 가치가 더욱 중요하게 여겨지게 된 셈이었다.

윌리엄 윌버포스는 여기저기 여행을 다니던 중에 퀸스 칼리지의 교수였던 아이작 밀너를 만나게 되었다. 윌버포스는 밀너와 그리스도의 메시지에 관한 서로의 생각을 나누게 되면서 생각이 변하게 되었다. 그들은 꽤 오랜 시간 동안 고전 작품과 성경을 서로에게 읽어 준 뒤, 읽은 것을 가지고 진지한 대화를 나누었다. 윌버포스의 아들이 쓴 자기 아버지에 관한 전기[1]를 보면, 당시 밀너와의 대화를 통해 그의 생각이 크게 바뀌게 되었다는 사실을 확인할 수 있다. 그 기록을 보면 이렇다. "밀너의 말에는 내가 지금까지 그러한 진리를 단지 이해하는 것에 그쳤을 뿐, 마음으로 복종한 것은 아니었다는 의미가 함축되어 있었다. 부끄럽지만 그의 말을 인정하지 않을 수 없었다. 그와 대화하면서 그러한 진리에 더욱더 관심을 갖기 시작했고, 그것이 얼마나 중요한지도 깨닫게 되었다."[2]

윌버포스는 나중에 다시 말하기를, "이 세상이 줄 수 있는 이 모든 것을 누리면서도, 나는 진정한 그리스도인이 아니라는 양심의 증언에 항상 시달렸다."고 했다. 윌버포스는 예수 그리스도를 믿는 가정에서 성장

---

1. *The Life of William Wilberforce*.
2. Robert Isaac and Samuel Wilberforce, *The Life of William Wilberforce*(Philadelphia: Henry Perkins, 1839), pp. 87-88.

했다. 내 경우도 마찬가지였다. 나는 부모님을 따라 교회를 다녔고, 성경 말씀으로 교훈을 받으며 자랐다. 하지만, 나는 그리스도를 진정한 의미에서 나의 주님으로 받아들이지 못했다. 오히려, 내게는 2차 세계 대전 중에 활약했던 한 해군의 순수한 삶이 더욱 멋져 보였다.

윌버포스는 존 뉴턴의 사역을 통해 깊은 감동을 받게 되자, 점차적으로 운동이나 사교 생활에 관심을 덜 갖게 되었다. 존 뉴턴은 노예선의 선장이었으나 회심한 후 목사가 되어 '나 같은 죄인 살리신'405장이라는 찬송시를 작사한 사람이다. 윌버포스는 그의 가르침을 받았는데, 뉴턴은 윌버포스로 하여금 성경을 암기하도록 했고, 많은 공부를 하게 했다. 물론, 뉴턴은 윌버포스에게 노예 매매는 마귀와 같은 행위라는 점을 강조하는 것도 잊지 않았다.

이는 윌버포스로 하여금 가난한 자들과 노예가 된 자들에게 관심을 갖게 하는 계기가 되었다. 이것이 그의 향후 모든 정치 생애를 결정지었다. 그의 개인적인 삶도 마찬가지였다. 그는 아내 바브라와 여섯 명의 자녀들에게 헌신적이며 가정적인 사람이 되었다. 가족들에 대한 윌버포스의 애정은 특히 가족들에게 보낸 그의 편지들에 잘 나타나 있다. 그의 편지들의 공통된 주제는 가족들을 지키시고 보살펴 주시는 그리스도의 사랑이었다. 아들 새뮤얼에게 보낸 한 편지에서, 윌버포스는 "오! 내 사랑하는 아들 새뮤얼, 아버지는 너를 무척이나 사랑한단다. 내 사랑하는 아들이 사회인으로 성장하여 더욱더 빛을 발하는 그리스도인이 되어가는 모습을 볼 수 있기를……얼마나 간절히 바라는지 알아주기를 바란다."[3]

---

3. Anna Maria Wilberforce, *The Private Papers of William Wilberforce*(New York: Burt Franklin, 1897), p. 165.

라고 했다.

　윌버포스의 가정 생활과 정치 생활은 주목할 만한 영향을 끼쳤다. 그의 삶은 그 어떤 법률보다도 더욱더 많은 유산을 우리에게 남겼다. 이것은 국가의 공직자라면 누구나 바라는 삶이다. 존 폴록은 윌버포스의 전기 작가로 잘 알려져 있는 사람인데, 그는 (윌버포스 자신은 동의하지 않을지 모르지만) 자기가 보기에 윌버포스는 도덕적으로나 영적으로 후세대에 지대한 영향을 끼치는 일을 했을 뿐만 아니라, 결과적으로 영국과 다른 나라들에도 그의 신앙을 널리 퍼뜨리는 일을 많이 했다고 지적했다.[4]

　사실, 아무리 훌륭한 사상이라 해도 그 사상이 사람이라는 인격체를 통해 증거되고 나타나지 않으면 단순한 환상으로 그치게 되기 마련이다. 거의 2세기가 지났으나 그리스도와 정의라는 명분에 삶을 헌신했던 윌버포스를 재발견하려는 시도가 이루어지고 있다는 사실 자체가 바로 그러한 점을 입증한다. 예수 그리스도를 통한 하나님의 구원 사역에서 알 수 있듯이, 한 사람의 신앙인의 삶은 또 다른 한 사람의 증인의 삶을 통해 더욱더 완성되어 나간다. 물론, 이것은 모두 하나님의 은총에 의한 역사이다. 윌버포스의 신앙적인 삶이 휴스턴 박사를 통해 재편집되어 나타난 것도 이와 같은 맥락에서 생각할 수 있다. 아무쪼록, 이 새로운 시도를 통해 그의 삶이 다른 사람들에게 전달되기를 바라는 마음이다. 육신이 되신 말씀은 펜과 종이로 쓰여지는 것이 아니라, 각 사람의 마음과 마음으로 이어져 나가는 것이다.

---

4. John Pollock, *Wilberforce*(New York: St. Martin's Press, 1977), p. 105.

다른 말로 하면, 예수 그리스도라는 인격체로 성육된 말씀은 각 신자의 말과 행위를 통해 계속 반영되어 표현된다. 그리스도는 윌리엄 윌버포스를 통해 자신의 삶을 사셨다. 오늘날에도 여전히 우리 각자를 통해 그렇게 하신다. 가게에서, 가정에서, 공장에서, 또는 공공 생활에서, 사무실에서, 학교에서, 그 어디에서든 아무도 보지 않는 일을 할 때에도 언제나 그리스도는 우리 안에 살아 계신다. 작가 조지 엘리엇만큼 이러한 진리를 잘 포착하고 있는 사람은 없는 것 같다. 그녀의 소설 『재닛의 회개』에서, 주요 등장 인물 가운데 트라얀 씨라는 사람이 나온다. 그는 재닛 뎀스터에게 "하나님은 그분의 사랑을 영원히 누리도록 하시려고 우리를 훈련하십니다."라고 말했다. 이 대목에 이어지는 작가의 말을 들어보자.

> 진실과 사랑을 지닌 한 사람의 영혼이 다른 사람의 영혼에 얼마나 복된 영향을 끼치는가! ……이것은 마치 작은 씨가 아무도 알지 못하는 사이에 싹이 터서 커다란 줄기와 넓은 잎사귀를 만들어 내고 꽃잎을 피워 내는 것만큼이나 신비롭고, 실제적이며, 정말 놀라운 일이 아닐 수 없다. 사상이란 종종 초라한 환상과 같은 것이다. 그것은 엷은 수증기처럼 우리 옆을 스쳐 지나갈 뿐, 우리는 그것을 느낄 수 없다. 하지만, 때로 사상은 인격체가 되어 우리 앞에 나타나기도 한다. 이러할 때, 사상은 비로소 우리에게 따뜻한 숨결을 불어넣고, 부드럽고 감동적인 손길로 우리를 어루만지며, 슬픈 듯 진지한 눈길로 우리를 바라보고, 호소하는 듯한 목소리로 우리에게 말을 한다. 사상이 살아 있는 한 인간의 영혼 안에 구체화되어 모든 갈등과 신앙과 사랑이 될 때, 그러한 존재 자체가 힘으로 다가와 우리를 사랑의 열정처럼 뒤흔든다.[5]

역사를 객관적으로 연구하는 사람이면 누구나 윌리엄 윌버포스가 바로 그와 같은 힘있는 존재였다는 사실을 믿어 의심치 않을 것이다. 윌버포스는 계속해서 지대한 영향을 끼치고 있다. 오늘날 우리 민족의 삶에는 뭔가 중요한 것이 결핍되어 있다. 이러한 때야말로, 윌버포스의 모범적인 삶을 본받는 일이 필요하다. 나는 개인적으로 윌버포스의 책을 새로 편집한 본서가 그의 영향력을 더욱 확산시킬 것이라고 확신한다.

윌리엄 윌버포스가 영향력 있는 삶을 살았던 이유는 바로 그의 신앙 때문이었으므로, 이러한 그의 신앙을 간단하게 살펴보는 것이 도움이 될 것 같다. 앞서 말한 대로, 윌버포스는 1784년에 아이작 밀너와의 대화를 통해 생각의 변화를 겪게 되었다. 말하자면, 회심을 한 셈이다. 그는 인간과 하나님과 예수 그리스도에 대한 성경적 견해를 담고 있는 역사적 기독교 교리를 이해하고 받아들인 뒤, 1785년 겨울에 다시 의회로 복귀했다. 대개 정치 활동을 하면서 그리스도를 믿는 우리와 같은 사람들은 신앙을 가졌음에도 불구하고 그것보다는 자신의 정치적인 목적을 추구하기 마련이다. 윌버포스도 회심하기 이전에는 이 점에 있어서 예외가 아니었다.

나도 처음 신앙을 갖게 되었을 때 나의 신앙 경험을 다른 사람에게 말하는 것을 아주 어렵고 힘들게 생각했다. 그러한 나의 모습을 지금도 생생하게 기억한다. 물론, 그리스도에 대한 나 자신의 사랑을 다른 사람에게 강요하지 않으려는 깊은 생각에서 그렇게 했던 것이었지만, 솔직히 말해서 개인적인 신앙을 공개적으로 말하고 다니는 것이 내심 쑥스러웠

---

5. George Eliot, *Scenes of Clerical Life*, vol. 2: *Janet's Repentance*(1858, reprinted., New York: Garland Publications, Inc., 1975), pp. 284-85.

던 탓도 있었음을 인정하지 않을 수 없다.

내가 그리스도의 이름을 연단에서 처음 공개적으로 언급했던 때가 기억난다. 그것은 오레곤 주의 살렘에 있는 '영 라이프'라는 단체와 만찬을 가질 때였다. 그 무도회장의 거울을 통해 줄지어 있는 기둥들의 모습이 비추어졌다. 나는 마침내 용기를 내어 모든 이름 가운데 뛰어난 '그 이름'을 불렀다. 그 소리가 각 기둥에 부딪혀 메아리치는 것 같았다. 나는 갑자기 머리가 몹시 아팠다. 그것은 그 동안 나의 삶이 덥지도 차지도 않았다는 증거이기도 했거니와, 그리스도 밖에서 살아온 나의 이기적이고 허무했던 삶에 대한 아픔이 전달되어 왔기 때문이었던 것으로 생각된다.

어쨌든, 윌버포스는 회심한 후 신앙의 싸움을 해야 한다는 마음의 갈등이 심해졌다. 1785년 가을, 젊은 의회의원이었던 윌버포스는 깊은 고뇌에 휩싸이게 되었다. 그는 매일 아침 기도했으며, 정의로우신 하나님 앞에 선 피조물로서의 자신의 위치를 묵상하였다. 창조주이자 주님이신 하나님께 전적으로 복종한다는 것은 대개 사람들로부터 배척을 당하고, 정치적인 인기를 잃게 된다는 것을 의미한다. 우리 가운데 많은 사람들은 하나님께도 봉사하고, 정치적인 인기도 얻고 싶은 유혹에 시달린다. 윌버포스도 마찬가지였다. 그는 이러한 내적인 고뇌로 인한 고통이 매우 컸다.

그는 이때의 경험을 '커다란 변화의 시기'라고 훗날 술회하였다. 당시, 윌버포스는 이러한 마음의 고뇌 때문에 존 뉴턴의 조언을 구하지 않을 수 없었다. 윌버포스의 두려움을 완화시켜 주고, 담대하게 공적 활동을 해 나갈 수 있도록 해주었던 사람은 바로 뉴턴이었다. 뉴턴은 윌버포스에게 보낸 1785년 12월 7일자 편지에서 이렇게 말했다. "주님께서 당신을 들어 그분의 교회와 국가의 유익을 위해 사용하시기를 바라며, 또한 그렇게 하실 줄로 믿습니다."[6]

윌버포스를 연구했던 리처드 가스로는 자신의 석사 논문에서 윌버포스가 지성적으로만 이해했던 복음의 진리를 점차 마음으로 동의하게 되었다고 지적했다. 윌버포스는 자신의 삶을 하나님과 인간을 위해 봉사하기로 결심했다. 그 후로부터, 그는 경건하고, 절제 있는 삶을 살게 되었다.[7]

윌버포스는 매우 절도 있는 영적 생활을 실천했다. 그는 이러한 생활을 통해 개인적으로도 힘을 얻었을 뿐 아니라, (역사상에 나타났던 다른 위대한 신앙인들과 마찬가지로) 신실한 기도와 묵상과 성경 읽기가 얼마나 위대한 힘을 가져다주는가를 증거하는 산 증인이 되었다. 윌버포스는 항상 기도와 묵상을 하고, 성경을 읽는 경건한 습관을 거의 어기지 않고 일평생 지켜 나갔다. 그는 늘 아이작 밀너와 개인적인 친분을 가지며, 서로의 행위에 대해 책임 있는 관계를 유지해 나갔다. 윌버포스는 이때부터 늘 자신과 교회의 영적 생활에 관한 일기를 기록했다. 존 폴록에 따르면, 윌버포스는 일기를 통해 자신이 올바른 식습관을 가졌는지, 혹시 음욕을 품거나 정치적인 야욕을 갖지는 않았는지 하는 문제들을 반성해 나갔다고 한다. 그는 이와 같은 내적인 절제 생활을 통해 영적인 기쁨을 누렸으며, 이러한 삶이야말로 예수 그리스도의 제자가 지녀야 할

---

6. Pollock, *Wilberforce*, p. 38.
7. 가스로의 논문 제목은 "William Wilberforce and Integration of Faith with Public Policy"이다. 이 논문은 웨슬리 신학대학원 석사 논문으로 제출된 것이다. 내가 이 추천의 글을 쓰는 데 그의 논문이 많은 도움이 되었다.

표징이라고 생각했다.

윌버포스는 영적인 경건 생활과 안정된 가정 생활을 바탕으로 살아 있는 신앙을 갖게 됨으로써, 인종이나 출신 배경을 무론하고 모든 사람들을 향한 전도자의 마음이 생겨나게 되었다. 그는 의회에서 자신의 기독교적 이상을 실천하기 위한 동지들을 규합하고, 국가의 역량을 이끌어 내고자 했다는 점에서 에큐메니칼적이었다. 국내와 국외에서 교회와 관련된 많은 사업들이 추진되었다. 이러한 사업 가운데는 최초의 국외 선교와 성경 배포 사업이 포함되었다. 교회와 관련된 단체들이 윌버포스 가문의 많은 재정적 후원을 받게 되었고, 윌리엄은 곧 많은 자문 위원회의 위원이 되었다. 그는 성경적인 신앙을 통한 포용 정신에 입각하여 로마가톨릭 신자들에 대한 정치, 종교적인 억압을 풀어 주고자 많은 노력을 기울였다. 그가 가졌던 가장 큰 소원 가운데 하나는 모든 그리스도인들이 성경이 명령한 대로 서로 사랑하는 것이었다.

윌버포스를 지지하는 그리스도인들이 점차로 많아지자, 그들은 '그의 견해와 입장을 밝히는 글'을 발표하라고 요구했다. 이때 밀너 박사는 이 일에 반대했다. 휴스턴 박사가 각주에서 밝히고 있는 대로, 당시 그러한 내용을 담은 책들은 대개의 경우 판매 실적이 매우 저조했다고 한다. 아울러, 출판업자들도 이와 같은 우려를 표명했다. 하지만, 그의 책은 즉각적으로 전례 없는 성공을 거두었다. 1826년에 영국에서 15판이 인쇄되었으며, 미국에서는 25판이 인쇄되었다.

공적 인물이 개인적인 글을 쓰는 경우에는 대개 그 자신의 삶의 철학을 밝히게 된다. 윌버포스도 자신의 책을 통해 동시대인들에게 자신의 삶의 철학을 포괄적으로 제시했다. 내 집에는 정치 활동을 하는 동료들이 저술한 책만을 따로 꽂아 둔 책선반이 있다. 그들 각자의 정치 철학이 담긴 책들을 소장하고 있는 것도 큰 기쁨이지만, 이보다 더한 기쁨은 바로 선반 하나 가득히 꽂혀 있는 그러한 책들을 통해, 공인으로서 생활해 오는 동안 내가 존경하고 사랑하는 남녀 정치인들의 영혼을 들여다볼 수 있다는 점이다.

우리는 우리 시대의 사람들이 쓴 책들을 읽음으로써 그들과 대화를 나누고 그들의 생각을 공유할 수 있는 기회를 갖게 된다. 윌버포스의 책도 이와 같은 역할을 했을 것이 분명하다. 물론, 역사적인 기록을 통해 확실한 사실을 알게 된다는 것은 불가능한 일이기도 하다. 하지만, 나의 경험으로 볼 때 윌버포스에 관한 역사적인 기록은 진실한 것임에 틀림없다고 확신한다. 윌버포스는 잉글랜드에서 정치 활동을 하면서 많은 사람들과 기독교 교리에 관해 논의를 했다. 그의 이러한 활동은 정치적인 결정을 비롯하여 많은 사람들에게 광범위한 영향을 끼쳤음이 분명하다.

윌버포스에 관한 역사 기록의 한 대목을 살펴보자. "맨체스터 경은 감격해 하며 말하기를, '나는 진심으로 당신의 책에 대해 감사를 표하는 바입니다. 나는 친구로서 당신에게 감사하고, 인간으로서 더욱더 감사하는 바이며, 같은 그리스도인으로서 모든 감사와 찬사를 당신에게 돌리지 않을 수 없습니다. 전에 당신을 잘 알고 있었다고 생각했습니다. 하지만, 지금은 당신을 이전보다 더욱 잘 알게 되었습니다.' 라고 했다."[8]

윌버포스는 자신의 글에서, 인간은 하나님을 거역함으로써 창조된 본

---

8. Samuel Wilberforce, *Life of Wilberforce*(London: J. Murray, Publisher, 1868), p. 169.

래의 모습을 잃어버리고 타락한 본성을 지니게 되었다고 말한다. 인간은 그 중심이 악하여 악을 저지를 수밖에 없는 성향을 타고난다는 것이 그의 지론이다. 따라서, 그는 제3장에서 예수 그리스도의 속죄의 사역과 성령의 사역이 절대적으로 필요하다는 점을 지적했다. 그는 이러한 교리를 설명하면서 복음주의 그리스도인들에게 낯익은 성경 구절들을 많이 인용한다.

윌버포스는 기독교 영향을 많이 받는 환경 속에 살고 있는 사람들의 경우 대개 그러한 교리에 지성적으로만 동의할 뿐 실제로 그것이 개인의 삶에 의미 있는 것으로 받아들이지 않는 경향이 있음을 알고 있었다. 특히, 이러한 사람들은 자신들이 죄인임을 진정으로 깨닫지 못하는 것이 보통이다. 윌버포스는 겸손과 덕스러운 행위와 성품을 가질 것을 종용하였으며, 풍요로운 삶은 '세상의 자랑과 허영'에 빠지기 쉽다고 경고했다. 오늘날 우리는 지극히 풍요로운 세상에 살고 있다. 하지만, 이러한 풍요가 우리의 깊은 욕구를 충족시켜 주지 못한다는 점을 알게 되었다. 이러한 사실로 볼 때, 윌버포스는 오늘날 우리 시대에 참으로 필요한 메시지를 전하고 있다고 하겠다!

윌버포스의 서신과 일기에서 발췌한 내용 및 본서를 읽어 가는 동안 독자는 그의 생동감 있는 신앙을 분명하게 느끼게 될 것이다. 그는 성경 말씀을 지극히 중요하게 생각했으며, 그 말씀을 구체적으로 매일의 삶에 적용하는 신앙을 가졌다. 그는 바로 이러한 신앙을 통해 삶의 어려움을 견딜 수 있는 힘을 얻었다. 특히 거칠고 험한 정치 생활에서 오는 온갖 어려움을 견딜 수 있는 힘을 얻었다. 1795년 그가 지지했던 폭동에 관한 법Sedition Bills이 공적인 지지를 얻지 못하는 상황에 처했을 때, 그가 쓴 일기를 보면 '모든 것이 합력하여 선을 이룰 것'이라는 성경 구절을 묵상하면서 주님이 그를 정치적으로 반대하는 이들로부터 보호해 주실 것을 믿는 내용을 보게 된다.

  윌리엄 윌버포스는 개인적으로 성실한 경건 생활에 힘썼다. 그는 결국 공적인 생활에서도 모범적인 삶을 살 수밖에 없었다. 그는 영국 의회의 하원에서 1780년부터 1825년까지 의원으로 일했다. 그가 처음 의회에 들어가게 된 것은 1780년 10월 31일이었다. 당시 그는 선거에서 다른 두 후보의 득표수를 합친 것보다 두 배 이상 되는 표를 얻어 의회의원으로 당선되었다. 그는 당시 의회에서 친구인 윌리엄 피트와 함께 토리당 편에 서서, 당시 집권당이었던 휘그당에 반대했다.

  윌버포스도 정치 초창기에는 명예와 지위를 얻는 것이 가장 큰 목적이었다. 그의 정치적인 견해는 애국심을 제외하고는 대부분 처음에는 매우 모호했다. 종종 윌리엄 피트가 하는 대로 따랐을 뿐이다. 비록 사실이 이러했고, 토리당의 지도자들 가운데 몇몇 사람들에게 각별한 충성심을 느끼기도 했지만, 어쨌든 윌버포스는 얼마 지나지 않아 스스로 독립적인 정치인의 입장을 확립하게 된다. 그는 토리당의 편에 서 있었지만, 아일랜드에서 로마가톨릭의 해방 문제를 다룬 안건이나 프랑스 혁명에 대해 과잉 반응을 하지 말자는 안건 등을 비롯한 몇몇 정치 현안들에 관해 토리당의 정책과 반대되는 투표를 던지기도 했다.[9]

  그는 자신의 입장을 지지하는 당과는 상관없이 항상 의회 개혁을 부르짖던 사람이었다. 1809년에 있었던 의원직 판매 폐지법을 둘러싼 문

---

9. Sir Reginald Coupland, *Wilberforce, A Narrative* (Oxford: Clarendon Press, 1923), p. 353.

제를 통해 그의 개인적인 정치적 확신이 더욱 분명하게 되었다. 그는 당시 수상에게 큰 힘이 되었다. 하지만, 윌버포스는 외교 문제에 있어서 토리당의 정책과 가장 분명한 대립을 보였다. 그는 그리스의 독립 전쟁을 지지했다. 프랑스와 정치적인 갈등이 심화되던 시기에 했던 발언으로 인해, 그는 왕과 친구인 피트와 자신의 선거구민들의 분노를 사기도 했다. 사실, 그는 프랑스 문제와 관련하여 일시적으로 정치적인 망명자가 되기도 했다. 당시 수상이었던 윌리엄 피트는 한동안 친구인 윌버포스의 진실성을 생각할 시간을 필요로 했고, 그런 뒤에야 비로소 두 사람의 관계가 다시 회복될 수 있었다.[10]

더욱이, 윌버포스는 아일랜드에 대한 적대 행위를 반대했다. 그는 로마가톨릭을 무기가 아니라 말로 설득해야 한다고 믿었다. 또한 노예제 폐지와 관련된 문제에 있어서도 다른 나라들에 대한 적대 행위를 해서는 안 된다는 입장을 취했다. 이러한 사실을 통해, 그가 무력 사용을 해서는 안 된다는 확고한 입장을 가지고 있었다는 사실을 알 수 있다.

사실, 정치인이 중요한 외교 문제에 있어서 정부의 정책과 반대되는 입장을 취하기란 몹시 어려운 법이다. 나도 정치인이기 때문에 이런 사실을 잘 안다. 나는 정치를 하는 동안 월남전, 인권 문제, 군사 개입, 핵무기 경쟁, 바이너리 신경 가스binary nerve weapons의 생산과 같은 정치 현안을 다룸에 있어서 화해, 청지기 정신, 정의라는 성경의 원칙에 어긋나지 않는 정치적 결단을 하려고 애써 왔다. 백악관에서는 이런 나를 정적政敵으로 간주하여 몹시 못마땅하게 여겼지만, 나는 그런 가운데 지금까지 항

---

10. Oliver Warner, *William Wilberforce and His Times*(London: B.T. Batsford, Ltd., 1962), p. 156.

상 성령의 도우심을 분명히 확신할 수 있었다.

윌버포스는 정치적인 책임자들의 외교 정책에 관한 입장 차이는 결국 국내 정책에까지 갈등을 가져다준다는 사실을 알게 되었다. 나의 경우도 비슷했다. 나는 일찍부터 막대한 예산을 군비 증강에 투자하다 보면 결국 교육, 의료, 농업 발전 등과 같은 중요한 영역의 기반이 취약해질 수밖에 없다는 사실을 인식하였다. 우리는 매년 학생 1인에게 투자되는 교육비 예산은 260달러 정도밖에 안 되면서, 군인 1인을 훈련하기 위해서는 매년 16,000달러나 지출하는 세상에 살고 있다. 나는 보습을 쳐서 칼을 만드는 정책에 분명히 반대한다. 이러한 나의 정치적 입장은 나로 하여금 여야 모두의 정책을 반대하는 소수의 입장에 속하게 한다. 오하이오의 로버트 태프트는 내가 존경하는 금세기의 정치적 영웅이다. 전통적인 보수주의 정치인이었던 그는 1951년에 이 같은 현실에 관해 다음과 같이 말했다.

그 어떤 국가도 언제라도 전면전을 치를 수 있도록 끊임없는 전쟁 준비를 하면서, 그와 동시에 국가의 설립 목적에 해당하는 다른 일들, 즉 국민들이 관심을 기울이는 다른 분야의 일들을 충족시켜 나가기를 바랄 수 없다. 간단히 말해서, 국가가 평화시에 인플레이션 없이 자유 경제를 유지해 가면서 국민들의 삶의 수준을 향상시키고, 그들이 지대한 관심을 기울이는 교육, 사회복지, 주택 문제, 의료 등과 같은 문제를 발전적으로 해결해 나가는 일에만 예산을 집중한다 해도 부족하다는 말이다.

정치적인 갈등을 겪다 보면 믿음이 더욱 성숙해지고, 보다 독립적인 사고를 갖게 되기 마련이다. 윌버포스 당시나 지금이나 자신의 양심을 따르기 위해 비록 완고한 선거구민들이 알아주지 않아 선거에서 패배할 수 있다 해도 당당히 대세에 맞서 행동하는 정치인들은 매우 드물다. 윌버포스는 바로 몇 안 되는 그러한 정치인 가운데 한 사람이었다.

윌버포스는 이러한 점에서 나에게 커다란 힘이 되어왔다. 윌버포스는 심지어 자신의 선거구민들과 입장이 크게 엇갈리는 순간에도 그들에게 자신의 입장을 잘 설명함으로써 자신의 뜻을 관철시켰다. 나에게 있어서도 마찬가지다. 선거구 주민들과 나의 입장이 서로 반대될 때 비록 그들이 나에게 계속해서 동의하지 않더라도, 정직하게 나의 소신을 밝히고 그 이유를 설명하면 서로의 입장을 존중하는 마음이 점점 더해 가기 마련이다. 나는 한 달에 한 번씩 정기적으로 오레곤을 방문하여 4, 5일간 머물면서 선거구민들과 만남의 기회를 갖고 있다. 이것은 내가 반드시 해야 할 일이며, 이렇게 함으로써 얻는 유익이 매우 많다. 또한, 윌버포스의 본을 따라 내 선거구민들이 관심 있어 하는 일에 초점을 맞추려고 최선을 다하고 있으며, 내 보좌관들에게도 그렇게 하라고 지시한다. 예를 들어, 경제적으로 어려운 시기에는 경제 개혁 입법을 추진함과 동시에 선거구민들의 민원을 보살피고, 3, 4백 명의 퇴역 군인들을 돌보는 문제 및 사회 보장 문제나 의료 서비스 등과 같은 구체적인 문제에 가장 우선적인 관심을 기울인다. 윌버포스도 그 당시에 이와 비슷한 문제에 관심을 기울여 정치를 했다. 그는 정치인으로서 복음을 실천했던 사람이었다.

기독교 신앙을 가진 정치인이 매일의 삶을 통해 살아 있는 하나님의 말씀을 실천하는 증인이 되지 못한다면, 공공을 위한 봉사라는 말이 다

헛소리가 되고 만다. 물론, 나도 종종 이 같은 삶을 살지 못하고 실패한다. 하지만, 내 마음속에는 비록 희미하지만, 나인성 과부의 어려움을 돌보시고, 배고픈 군중들을 먹이셨던 성육신하신 하나님을 나의 삶을 통해 반영하고 싶은 소원이 있다. 그리스도인들이 말과 행위를 통해 가난한 자, 억압받는 자, 외로운 자, 두려워하는 자들의 삶을 돌보는 것이야말로 살아 계신 그리스도의 삶을 본받는 것이며, 사람들로 하여금 그분을 알게 하는 가장 효과적인 증거가 된다는 사실을 날이 갈수록 더욱더 실감하게 된다. 나와 마찬가지로 윌버포스도 사회가 진정한 의미에서 진보하려면 성경적인 근거를 필요로 한다고 확신했다.

본서 제6장에서 윌버포스는 공공 정책에 관한 자신의 기본적인 입장을 밝힌다. 그 가운데 나에게 가장 와 닿는 것은 그의 기독교적 정부관 및 국민의 국가적인 책임에 관한 입장이다. 그는 기독교 신앙이 국가의 역할에도 그대로 적용되어야 한다는 확고한 신념을 가지고 있었다. "종교는 정치 공동체의 공공 복지를 향상시키는 일에 기여하는 긍정적인 역할을 해왔다."는 그의 말 속에 믿음의 본질은 섬김에 있다는 사실이 분명하게 표현되어 있다. 그는 심지어 "기독교 이외의 거짓 종교라 해도 선한 도덕적 원칙을 따르고 지지한다면, 거짓 종교도 그 나라의 정치 사회에 참 종교인 기독교가 만들어 내는 선한 결과 못지 않은 많은 결과들을 만들어 낼 수 있다."고 했다.

하지만, 그는 참된 기독교만이 '큰 질병'으로 시달리는 '정치 공동체의 건강과 보존을 유지하고 조장시키는' 역할을 가장 힘있게 수행해 나갈 수 있는 종교라고 확신했다. 오직 예수 그리스도의 모범과 가르침만이 다양한 사회와 계층 속에서 다양한 모습으로 나타나는 이기심이라는 이 두려운 질병을 치유할 수 있다는 것이 그의 신념이었다.

먼저, 신분이 높고 부유한 계층의 사람들 가운데에서는 이기심이 사치, 허식, 과시 및 병적이고 부패한 하찮은 망상의 형태로 표출된다. 이들은 이러한 헛된 망상에 사로잡혀 자기 자신만의 만족을 구할 뿐, 관대한 마음을 가지려고 조금도 애쓰지 않는다. 또한 신분이 낮은 계층의 사람들 가운데에서는, 그들이 독재로 인해 꼼짝할 수 없는 상황이 아닌 한에는, 이기심이 자존심과 반항의 형태로 표출된다.

비록 이렇게 말을 했지만, 윌버포스는 가난한 자들과 신분이 낮은 계층의 사람들을 비판하는 데 주력하지 않았다. 이것은 다만 이기적인 삶이 나쁘다는 것을 주지시키기 위한 말이었다. 그는 주로 부유하면서 헛된 망상에 빠져 있는 사람들을 비난했다. 그는 사회 모든 계층의 사람들이 서로를 돌보며 건강한 사회가 되도록 애쓰는 신앙인이 진정한 신앙의 소유자라는 점을 분명히 했다.

사람들이 모두 예수 그리스도의 마음을 갖게 될 때 서로를 돌보는 사회가 만들어지고, 아름다운 제도와 법과 사회 질서가 세워지게 된다. 윌버포스는 진정한 기독교 신앙에 관해 이렇게 말했다. "진정한 신앙은 막대한 부나 뛰어난 명예와 같은 일시적인 목표를 추구하는 일에 마음과 정열을 과도하게 낭비하려 하지 않는다. 진정한 기독교는 잘못된 정치인들의 터무니없는 망상을 만족시키고자 하지 않는다. 이러한 정치인들은 국가를 위한답시고 지배권을 확장하고, 권력을 행사하며, 절대적인 풍요를 얻는 데만 집착해 있다." 그때나 지금이나 통치자는 온유함으로 다스려야 한다. 공적인 권위를 갖는다는 것은 국민에 대한 책임을 진지하게 받아들이고, 그들을 돌보고 섬긴다는 것을 의미한다.

일반적으로 워싱턴, 특히 상원은 엄청난 유혹의 근원지이다. 정치 권력은 우리로 하여금 한껏 우쭐해지는 마음을 갖게 만들고, 자신의 중요성을 부풀리게 하며, 권력가 행색을 하도록 부추기는 요소들이 많다. 정책 결정이 이루어지는 상원 회의장으로 올라가는 엘리베이터에는 상원의원들이 누르는 버튼과 일반인이 누르는 버튼이 따로 장착되어 있다. 내가 엘리베이터 안에서 상원의원 전용 버튼을 누르면 상원의원이 아닌 사람이 누른 버튼이 취소되고, 엘리베이터는 나의 요구에 먼저 응하게 된다. 대학이나 사업체에서 연설하기 위해 방문이라도 하게 되는 경우에는 사람들이 나를 굉장한 존경심으로 대하는 통에 나를 다른 사람과 똑같은 인간적이고 영적인 필요를 가진 사람으로 알고 있는 것인가 하는 의구심마저 들 정도다. 상원의원이라는 지위와 신분에 따르는 일이 얼마나 많은지 집에 오면 아내와 아이들은 내 보좌관들이 아니라는 사실을 나 스스로에게 상기시켜야 할 정도이다.

윌버포스는 생명력 있는 신앙을 통한 선행을 바탕으로 사회 질서를 세워 나갈 때 다른 나라들의 본보기가 될 수 있을 것이라고 믿었다. 이기심 없는 진실한 국가가 자부심을 갖게 만들고, 시기와 불신에서 비롯되는 모든 문제들을 일소하게 될 것이라는 것이 그의 신념이었다. 그는 성경적인 신앙이야말로 자기 과대망상에 빠져 외교보다는 무력에 의존하는 맹목적인 민족주의를 치유할 수 있는 힘이라고 생각했다.

우리는 2차 세계 대전 이후에 발생한 수많은 국제적인 분쟁들, 가령 월남전, 4차 중동전, 포클랜드 분규 사태 등을 겪으면서 살상을 초래하는 군사 행동보다는 상호 존중의 대화를 통해 분규를 해결하려고 했더라면 뭔가 다른 결과가 나오지 않았을까 하는 의구심을 갖게 된다.

공직 생활을 오래 하면 할수록 나는 미국을 건설한 국부國父들에게는 살아 있는 신앙과 국가 정책을 분리하려는 의도가 전혀 없었음을 더욱 더 확신하게 된다. 그들은 개인의 영적 통찰력이 국가의 정책을 논의하는 일에 영향을 주지 않아야 한다는 입장을 표명하지 않았다. 국가는 종교를 설립하는 요소가 아니라고 못박고 있는 제1차 헌법 개정안은 다만 우리가 다원주의 사회에 살고 있다는 것을 의미할 뿐이다. 이는 중앙 정부의 권력이 특정한 종교나 종파 및 교파의 이익을 위해 동원되어서는 안 된다는 점을 분명히 하기 위한 것일 뿐, 세속주의가 판을 쳐도 된다는 것을 의미하지는 않는다. 제1차 헌법 개정안의 의도는 세속주의가 아니라 다원주의를 인정하는 것뿐이다. 국가를 위해서는 신앙을 지닌 모든 사람들의 통찰력이 절실히 요청된다.

나는 고린도전서에서 눈이 손에게 네가 필요없다고 말할 수 없다고 말한 바울의 가르침에 종종 깊은 감동을 받곤 한다. '우리 모두는 거울로 보는 것처럼 희미하게 본다.' 우리의 공공 질서가 유지되려면 모두의 통찰력이 필요하다. 종교적인 압력 단체들이 자기들만 옳다는 식으로 사회를 향해 공적인 문제에 있어서 절대적인 의를 주장하려는 태도가 온당치 못한 이유가 바로 여기에 있다.

윌버포스는 영국 헌법도 이러한 모범적인 사회를 만드는 것을 이상으로 삼아야 한다고 믿었다. 그러므로, 공직을 수행하는 권위자들은 개인적인 도덕성을 함양하고, 공공 질서와 '도덕성 향상을 도모할 수 있는 계획들의' 입법화를 추진하는 일을 그 중심 목적으로 삼아야 할 책임이 있다는 것이 그의 생각이었다.

노예제 폐지 문제는 그가 자신의 개인적인 신앙의 확신을 정치권 전반에 관철시키려는 지칠 줄 모르는 열정을 가지고 있었음을 보여 주는 가장 분명한 사례이다. 우리는 이미 윌버포스의 사상이 존 뉴턴의 교육에서 시작했다는 사실을 살펴보았다.

이 문제를 윌버포스 앞에 가져 온 사람들이 있었다. 그는 그들이 가져온 글을 읽고 진지하게 생각한 끝에 이러한 '사악한' 제도에 관해 모종의 조치를 취해야 한다는 결론에 이르게 되었다. 하지만, 다음의 말은 윌리엄 피트가 한 것으로 여겨지고 있다. "윌버포스, 자네는 왜 노예 매매에 관해 분명한 입장을 표명하지 않고 있소? 이미 자네는 많은 노력을 기울여 증거를 수집해 왔기 때문에 충분히 그에 대한 응분의 조치를 취하여 공을 세울 자격이 있다고 생각하네. 기회를 놓치지 말게나. 그렇지 않으면 다른 사람에게 그 공로를 빼앗기게 될걸세."[11]

노예제 폐지 문제와 더불어 그는 잉글랜드의 도덕 조건이 개선되어야 한다고 확신했다. '노예제 폐지와 도덕 개혁'이라는 이 두 가지 위대한 목표가 1787년 10월에 쓴 그의 일기에 기록되어 있다. 그는 이것을 기록한 이후부터 친한 친구들에게 자신을 지지해 줄 것을 호소하기 시작했다. 외형적인 악을 억제하는 것만으로는 충분치 않았으며, 개인의 도덕성이 깊이 개혁되어야 한다는 것이 그의 소신이었다. 그 결과, 조직을 만든다는 거창한 절차 없이 단지 예수 그리스도를 따르는 이들의 경건한 신앙과 박애 정신이라는 평범한 두 가지 사실에 기초하여 클래펌 협회

---

11. Pollock, *Wilberforce*, p. 58.

가 탄생하기에 이르렀다.[12]

윌버포스의 삶과 신학에 있어서 좀더 면밀히 생각해 보아야 할 분야가 있다면, 그것은 그의 미래관 및 자기 민족과 세계가 직면하고 있는 문제들에 관한 그의 입장일 것이다. 그는 그리스도께서 재림하실 때야 비로소 신분 사회가 종말을 고하게 될 것이라고 믿었고, 땅 위에서는 그리스도의 왕국이 결코 이룩되지 못할 것이라는 신학적인 견해를 가지고 있었다. 결국, 클래펌 협회는 성경적인 정의, 즉 하나님은 땅 위에 정의를 행하시는 하나님이라는 사실롬 9:24에 대해서는 큰 관심을 기울이지 않았다고 할 수 있겠다.

하지만, 당시는 서로 다른 계층간의 접촉이 지극히 원활하지 못했던 사회였다는 점을 기억해야 한다. 상류층 사람들은 농토를 가지고 교외 지역에 정착하여 살았기 때문에 도시에 만연되어 있는 사회악의 정도가 얼마나 심한가를 피부로 알기 어려웠다. 당시는 오늘날 우리 시대처럼 도시와 교외 지역의 감정의 골도 그렇게 깊지 않았다. 만일 우리도 부유한 교외 지역과 가난한 도시 지역과 시골 지역의 차이를 줄여 가지 못한다면, 후세의 역사에 의해 같은 심판을 받게 될 가능성이 높다.

오늘날 세계는 극심한 빈곤과 기아로 고통을 당하고 있다(1분당 21명의 어린이들이 죽어 가고 있는 현실이다). 또한, 한 해에 세계 전역에서 5,000만 회 이상의 낙태가 시행되고 있으며, 언제라도 지구의 모든 생명을 단번에 끝장낼 수 있는 핵전쟁의 두려운 전운이 우리 위에 감돌고 있다. 이러한 현실을 직시할 때, 다시 한번 우리의 생존을 위해 국가적인

---

12. Francis John McConnell, *Evangelicals, Revolutionaries and Idealists*(New York: Abingdon-Cokesbury Press, 1942), pp. 158-63.

회개와 개혁을 위한 노력을 감행해야 할 것이다.

윌버포스와 클래펌 협회는 사람들이 비난하고 반대함에도 불구하고 인내와 사랑으로 끈기 있게 자신들의 입장을 관철시켜 나감으로써 1807년에는 노예 매매를 폐지했고, 마침내 1833년에는 노예들을 완전히 해방시켰다. 이는 '낙태 금지를 비롯해 생명과 관련된 모든 문제'와 연루되어 있는 오늘날의 우리들을 인도하는 위대한 역사의 햇불이 아닌가 싶다. 19세기에는 노예 문제가 있었다면, 오늘날에도 그와 비슷한 형태의 문제들이 있다. 나는 이 모든 문제는 이기심이라는 인류의 '큰 질병'에서 비롯되는 것이라는 윌버포스의 말에 동감하지 않을 수 없다.

어째서 우리는 하나님이 지으신 이 피조 세계에서 하나님의 영광을 높이지 않고 다른 것을 추구함으로써 궁극적으로 우상을 숭배하는 죄를 감히 범하는 것인가? (윌버포스는 자기를 반대하는 자를 사랑하지 않는 것도 범죄라고 여겼다. 오늘날 우리 시대도 이러한 죄를 저지르지 않기 위해 노력해야 한다. 우리는 자기편이 아니라고 증오하고 원수로 여기는 행위는 명백한 죄라는 사실을 인식해야 한다.) 다른 모든 사람들을 배제하고 자기에게만 초점을 맞추다 보면 이러한 범죄를 저지를 수밖에 없다.

성령의 인도하심 아래 현명한 정치를 해 나간다면, 과거에 노예 제도가 폐지되었듯이 생명을 죽이는 모든 행위들도 점차 줄어들고 마침내는 온전히 제거되리라 믿는다. 노예를 소유하고 있다고 해서 궁극적인 경제적 안전을 누릴 수 없는 것처럼, 남도 죽이고 자기도 죽이는 무기를 소유하고 있다고 해서 궁극적인 정치적 안전을 누리지는 못한다.

윌버포스의 두 번째 목표는 도덕 개혁이었다. 노예제의 악습을 깊이 뉘우치고 폐지하는 데서 자연스럽게 도덕 개혁이 이루어졌을 것이 분명하다.

나는 오늘날 우리가 경험하는 바 생명을 위협하는 이 두려움과 이 같은 자원의 악용이 우리가 살아 있는 동안 온전히 제거될 수 있기를 진실로 기도해 마지않는다. 이러한 우리의 비전은 어떤 면에서 윌버포스의 비전보다 더 이루어지기 어려운 것일 수도 있다. 하지만, 하나님 나라의 백성으로서 충실한 삶을 살아간다면 역사의 완성을 이루는 일을 위한 우리의 소임을 다할 수 있음을 확신하자. 우리 모두 장차 새 하늘과 새 땅이 이루어지리라는 약속을 굳게 믿자.

윌리엄 윌버포스의 탁월한 공헌은 우리로 하여금 '주의 나라가 하늘에서와 같이 땅에서도 이루어지이다.' 라는 말씀이 신뢰할 수 있는 진리임을 확신케 한다.

_ 상원의원 **마크 하트필드**

윌리엄 윌버포스의
세기의 책

1692년 이래 18세기 영국의 왕실은 '덕행과 경건의 증진, 악행과 불경과 부도덕의 예방에 관한 포고문'을 반포했다. 윌리엄과 메리가 반포한 첫 번째 포고문은 '생활 개혁'을 목표로 한 사회 단체들이 각 지역에 설립될 정도의 실제적인 효과를 거두었다.

1785년 그리스도인이 된 이후에, 윌버포스는 국가에 이와 같은 도덕적 개혁을 다시 일으킬 결심을 하였다. 그의 친구 한나 무어는 귀족들의 관심을 촉구하는 두 권의 책을 저술했다. 윌버포스는 친한 친구인 윌리엄 피트 수상과 정부 각료들의 관심을 불러일으키기 위해 1789년에 한 권의 책을 쓰겠다는 계획을 세웠다. 그 결과, 1797년에 그 책이 출판되었다. 당시 가장 존경받는 평신도 가운데 한 사람이었던 그가 쓴 책은 '세기의 책'이라고 할 수 있을 만큼 실천적인 제안으로 가득 찬 힘있는 책이었다. 그가 강조했던 내용들은 지금도 여전히 필요한 것이고, 참 기독교를 이해하는 데 도움이 된다. 그는 그리스도를 믿는 참 신앙은 반드시 모든 삶의 영역을 통해 실천되어야 한다는 점을 강조한다.

『진정한 기독교』

영국의 사회적 양심을 일깨워 마침내
노예 제도를 폐지하게 한 그 책!

Real Christianity

1. 기독교의 중요성에 관한 잘못된 생각

2. 인간 본성에 관한 잘못된 개념

3. 하나님과 그리스도인의 행위에 관한 잘못된 개념

4. 기독교의 본질과 도덕적 규범에 관한 잘못된 개념

5. 기독교의 탁월성

6. 기독교의 현재 상태

7. 실천적 제언

chapter 1

기독교의 중요성에 관한
잘못된 생각

그리스도인들이 기독교의 중요성과 본질과 그 탁월성에 관해 뭔가 잘못된 생각을 하고 있음을 지적하는 것이 필요한 때인 것 같다. 그리스도인들의 대화를 듣다 보면, 그들이 덕행은 칭송하고 악행은 비난하는 것을 종종 듣게 된다. 그리스도인들은 경건한 신앙은 칭찬하고, 불신앙은 단죄한다.

언뜻 보기에 아무 문제도 없는 것 같다. 하지만, 그리스도인들이 내뱉는 이러한 상투적인 말에 속지 않는 사람이라면 그들의 말을 좀더 자세히 살펴보아야 할 것이다. 그러면 그리스도인들이 과연 진정한 기독교가 무엇인지 모른 채, 기껏해야 기독교를 막연히 칭송하며 단지 그 도덕성을 존중하는 것에 그치고 만다는 사실을 발견하게 될 것이다.

신앙을 고백하는 그리스도인들이 사실 기독교에 관해 아는 바가 거의 없다. 기독교에 관한 그들의 견해는 매우 조잡하고 피상적이어서 단지 외적인 형태를 기준으로 기독교와 다른 종교를 구분할 따름이다. 이들 그리스도인들은 그저 자신들이 알고 있는 몇 가지 외형적인 사실이나 교리나 원리를 기독교의 전부인 것처럼 생각할 뿐, 실제로 그러한 교리적, 원리적 차이가 만들어 내는 결과나 관계 또는 실천의 문제에 관해서는 전혀 아무런 생각이 없다.

세상 교육을 볼 때 기독교 교육은 얼마나 일관성이 없는가?

내가 그리스도인들을 너무 혹독하게 비판하고 있다고 생각하는가? 그들의 인생 계획과 일상적인 행위를 한번 관찰해 보라. 그들과 불신자들의 차이점을 도대체 어디에서 발견할 수 있는가? 불신앙이 만연해 있는 시대적 상황 속에서, 그리스도인들이 자신들이 고백하는 신앙의 원리를 따라 자기 자녀들을 조심스럽게 교육하는 모습을 발견할 수 있는가? 또는, 그들이 자기 자녀들로 하여금 기독교 신앙을 옹호할 수 있는 논리를 갖추도록 교육하고 있기나 한가?

그들은 자식이 새로 태어나면 그 어린것이 세상에서 살아갈 수 있는 기술이나 지식을 갖지 못한 것을 안타깝게 여겨 온갖 정성을 다한다. 그들은 자기 자녀가 부지런히 그러한 지식과 기술을 익히도록 애쓴다. 하지만, 신앙에 있어서는 자녀가 하고 싶은 대로 하도록 방치해 버린다. 자녀 교육에 기독교 교육이 전혀 포함되어 있지 않다. 비록 그들의 자녀가 기독교에 애정을 갖고 있다 해도, 분명한 생각과 확신을 가지고 기독교를 믿는 것이 아닐 때가 많다. 그저 일찍부터 기독교 신앙을 지녀 왔기 때문에 습관적으로 그렇게 하는 것일 뿐이다. 기독교 국가에서 태어났기 때문에 그리스도인이 된 것뿐이고, 자기 부모가 교회에 다니기 때문에 자기도 그렇다는 식이다.

우리 사이에 종교가 단순히 대물림에 의해 전달될 때, 젊은 사람들은 당연히 자신들이 성장해 온 그 신앙 체제의 진실성을 의심하는 마음과 정신을 갖기 마련이다. 그리고 신앙에 관한 확실한 지식이 없기 때문에 결국 그 신앙을 버리기 마련이다. 그들은 기독교 진리는 믿기 어려운 불가능한 것이라 생각하여 쉽게 신앙을 포기하고 불신자가 되어 버린다.

그러므로 너무 늦기 전에 이러한 사실을 깨달아야 한다. 학교나 대학에서 전부는 아니라 해도, 대부분 기독교가 무시되고 있는 실정이다. 자녀 교육에 있어서 이 큰 목표를 등한히 하는 사람들이 다른 방면에서 자녀에게 바른 행위를 가르칠 수 있다고 기대하기는 어렵다. 만일 이러한 실정에 무관심하다면 '여전히 어둠 속에 있는' 다른 나라들에 하나님의 진리의 빛을 전달하는 일에는 더욱 무관심할 수밖에 없을 것이다.

신앙은 개인적인 문제가 아닌가!

하지만, 신앙은 겉으로 시끄럽게 떠벌리는 것이 아니지 않는가 하고 반문할 사람이 있을지 모르겠다. 물론, 신앙은 본질상 겸손해야 하고 개인적인 것이어야 한다. 신앙은 인간의 마음속에 자리잡고 있는 것이므로, 사람들 앞에 드러내는 것이 되어서는 안 된다. 진실로 그렇게 하기 바란다.

자, 그러면 그리스도인들이 겸손하고 자신을 드러내지 않아야 한다는 이러한 일반적인 원칙을 떠나 실제로는 개인적인 시간에 어떤 대화를 나누고 있는지 좀더 가까이에서 들어보자. 그들이 사적으로 나누는 대화를 통해 그들의 내면을 알 수 있다. 다시 말해서, 우리는 그들의 마음이 생각하고 있는 것을 통해 그들이 무엇에 대해 애정을 느끼고 있으며, 무엇을 증오하는지, 그리고 무엇을 기준으로 선한 삶과 악한 삶을 나누는지를 알 수 있게 된다.

애석하게도, 우리는 그들의 마음속에서도 기독교 신앙의 흔적을 거의 찾아보기 어렵다. 그들이 삶에서 겪는 희로애락과 두려움과 희망 가운데 기독교 신앙이 드러나지 않는다. 그들은 혹 감사하는 마음을 가지고 살 수도 있다. 자신들에게 주어진 건강과 재능, 물질적인 풍요와 일시적인 소유 등에 대해 감사할지 모른다. 하지만, 많은 축복 가운데 하나님의 관대하신 섭리에 의해 자신들이 신앙을 갖게 되었다는 이 놀라운 축복에 관해서는 별로 감사하지 않는 것 같다. 왜냐하면, 전혀 신앙을 가진 사람답게 살아가고 있지 않기 때문이다. 혹시 기독교 신앙을 언급할 때가 있다 하더라도, 그저 냉랭하고 형식적으로만 할 뿐이다. 이들이 기독교 신앙을 일컫는 투는 마치 가정이나 국가 일 가운데 이미 아무짝에도 쓸모 없는 것이 되어 버린 것 중에 하나를 언급하는 것과 같다.

그렇다면, 사적인 대화를 넘어서 이보다 좀더 진지한 태도로 기독교 신앙을 언급하는 경우는 어떤가? 우리는 이러한 대화 가운데서 겸손하고 내놓기 부끄러운 사적인 대화에서는 들을 수 없는 것을 보다 충분하게 들을 수 있으리라는 기대를 가지게 된다. 하지만, 이 경우에도 곧 참된 예수의 신앙을 찾는 것은 헛된 기대에 지나지 않는다는 것을 알게 될 것이다.

그들이 말하는 옳고 그름의 기준은 복음이 말하는 기준이 아니다. 그들은 다른 규칙에 따라 동의하거나 단죄한다. 그들은 참된 기독교의 진리와 정신에 전혀 반대되는 견해와 원리를 주장하고 개진한다. 만일 진리를 조금이라도 알고 있는 사람이라면, 신앙에 관한 그들의 견해가 하나님의 말씀을 근거로 세워진 것이 아니라는 것을 금방 알게 된다. 한 번도 펼쳐 보지 않은 성경이 고스란히 선반 위에 그대로 놓여 있다. 그들은 교회에서 이따금씩 듣는 것 외에는 전적으로 성경의 내용에 무지하다. 아마도, 어렸을 때 들었던 기억으로부터 어렴풋이 진리를 기억하는 것이 고작일 것이다.

어떤 사람들은 기독교 국가에서 태어나 단지 몇 가지 주워 들은 기독교 진리만을 가지고 기독교 신앙을 가진 것처럼 여기는가 하면, 어떤 사람들은 성경을 연구함으로써 참된 기독교 신앙을 가지려 한다! 이 둘은 매우 큰 차이가 있다. 지금까지 첫 번째 경우에 만족해 온 사람이 성경에 근거한 신앙 체계를 처음 대하게 되면 분명히 깜짝 놀랄 것이다!

그러므로 참된 신앙과 하나님의 말씀을 일부러 도외시하는 이 같은 행위는 하나님 보시기에 범죄 행위라는 사실을 깨달아야 한다. 선하신 하나님께서 우리에게 진리 교육을 받을 수 있는 많은 수단을 제공해 주셨음에도 불구하고 그것을 도외시한다면, 지극히 큰 죄를 범하는 것이며 무서운 징벌을 받게 되리라는 것을 알아야 한다!

노력 없이는 능숙해 질 수 없다

탐구 없이 지식 얻기를 기대하거나 노력 없이 성공하기를 기대하는 것은 온당치 못하다. 하나님의 섭리의 손길은 지극히 관대하시지만, 우리를 게으르게 만들려고 그 같은 선물을 주시는 것이 아니다. 오히려, 하나님의 선물은 노력에 의해 모든 것이 얻어질 수 있다는 것을 우리에게 가르치기 위해 주어진다. 단호한 결심, 끊임없는 인내, 힘든 수고 없이는 그 누구도 높은 학식, 예술적 성취, 권력, 부, 군사적인 승리를 기대할 수 없다.

하지만, 우리는 노력과 연구 없이 그리스도인이 되기를 기대하는 것 같다! 기독교는 사람이 창안한 것이 아니라 하나님의 계시에 의한 종교이다. 기독교는 우리로 하여금 그에 상응하는 의무를 다하도록 만든다. 따라서, 진지한 노력 없이 참된 그리스도인이 될 수 있으리라고 생각하는 것은 터무니없는 일이다. 기독교는 그 자체만의 독특한 교리와 윤리와 원칙을 가지고 있다. 세상 정치의 처세술이나 도덕 체계를 배우는 데에도 온갖 열심을 기울여야 하듯이, 기독교에 관해 능숙한 지식을 갖는 일도 우연히 이루어지지 않는다.

부지런히 성경을 연구하라

부지런히 성경을 연구하면 우리가 과거에 얼마나 무지했던가를 알게 될 것이다. 성경을 연구할 때, 우리는 피상적인 외형에 속지 않게 될 것이고, 그리스도의 복음을 세상 철학자들의 사상과 혼동하는 일을 피할 수 있게 된다. 기독교는 우리로 하여금 교리를 믿고 원리를 배우며 그리스도의 계명을 실천할 것을 요구한다. 성경 연구는 오늘날 잊혀진 이 중요한 진리를 다시금 우리에게 일깨워 줄 것이다.

성경은 도처에서 강력한 비유들을 통해 우리에게 복음을 제시한다. 이로써, 우리는 성경의 가치를 발견하게 된다. 성경은 복음을 어둠에서 비치는 빛, 감옥에서의 석방, 포로에서의 해방, 죽음에서 나오는 생명이라고 말한다. 초대 교회 신자들은 감사와 기쁨으로 이 복음을 받아들였다. 복음을 전파하면 상을 받게 되리라는 약속이 주어지기도 했고, 복음을 잃게 되면 심판을 받게 되리라는 경고도 주어졌다. 우리의 복되신 구세주께서 가르치신 기도에는 하나님 나라가 더 넓게 확장되기를 간구하는 내용이 담겨져 있다.

이러한 내용들을 읽노라면 기독교가 얼마나 중요한지를 명백히 알 수 있다. 하지만, 우리는 헛되이 "경계에 경계를 더하며 교훈에 교훈을"사 28:10 더하고 있을 뿐이다. 복음은 예언되었고, 선언되었다. 과거에 사람들은 오랫동안 복음을 위해 기도해 왔고 소망해 왔다. 그리고 때가 이르자 복음이 나타났고, 사람들은 그 안에서 기뻐하게 되었다. 하지만, 우리는 이 하늘의 보화가 우리 무릎 위에 쏟아져 넘치고 있음에도 불구하고 거의 받아들이지 않는다. 우리는 차갑게 복음으로부터 돌아서 버리거나, 기껏해야 별관심도 없이 막연히 소유하고 있는 데 그치고 있다.

하지만, 우리는 하나님의 말씀을 부지런히 연구함으로써 기독교의 가치를 다시 발견할 수 있다. 하나님의 말씀이야말로 하늘의 진리와 위로가 담겨 있는 복된 보고寶庫가 아닐 수 없다. 말씀 안에서 우리는 무엇을 믿어야 하고, 무엇을 실천해야 하는지를 배운다. 이성이 지시하고, 계시가 명령한다.

"믿음은 들음에서 나며 들음은 그리스도의 말씀으로 말미암았느니라"롬 10:17. "성경을 상고하라"요 5:39. "너희 속에 있는 소망에 관한 이유를 묻는 자에게는 대답할 것을 항상 예비하라" 벧전 3:15.

이것은 성령의 감동하심을 받은 성경 저자들이 한 명령이다. 이 명령에 복종하는 자들은 하나님의 축복을 받는다. 하지만, 우리는 성경을 가지고 있으면서도 그 내용에 대해서는 아는 바가 없다. 우리는 기독교 국가에 살면서도 신앙의 근본적인 원리도 알지 못하며 온갖 우를 범하고 있다!

무지를 부추기는 두 가지 생각

왜 사람들이 성경을 하나님의 말씀으로 믿고 기독교에 소망을 둔다고 고백하면서도, 성경과 기독교에 무지한 것을 아무렇지도 않게 생각하는지 그 이유를 여기에서 길게 다루고 싶지는 않다. 다만, 이러한 태도는 크게 두 가지 그릇된 생각에서 비롯된다는 점을 지적하고자 한다. 우선, 하나는 실천이 중요한 것이지 무엇을 믿는가 하는 이론은 별로 중요하지 않다는 생각을 갖고 있기 때문이며, 다른 하나는(이도 역시 앞의 생각과 비슷한 생각이다) 진실하면 만사가 그만이라는 생각을 갖고 있기 때문이다. 이는 사람의 행위와 생각이 옳다는 확신만 가지면 무엇이든 괜찮다는 생각이다. 말하자면, 사회의 요구에 따라 사람들과 잘 지내기만 하면 하나님 앞에서 죄를 짓는 것이 아니라는 생각에 젖어 있다.

1. 무엇을 믿는가는 중요하지 않다

이 같은 대중적인 시각이 함축하고 있는 여러 가지 해악을 다 진술하려면 너무 오래 걸린다. 아마도, 한정이 없을 것이다. 첫 번째 생각을 자세히 살펴보면, 이는 우리 인간이 책임 있는 존재이지만 감정이나 지성의 활용에 있어서 만큼은 하나님 앞에서 책임을 지지 않아도 된다는 터무니없는 전제에서 비롯된 것이다. 더욱이, 이는 인간의 견해가 그의 실천 행위에 아무런 영향도 끼치지 않는다는 그릇된 가정 위에 그 근거를 두고 있다.

우리는 이런 그릇된 원리를 옹호하려는 자들에게 사람의 판단은 종종 마음과 생각에 의해 심히 삐뚤어질 수 있다는 사실을 깨닫게 해줄 필요가 있다. 사악한 마음과 생각에서 편견과 잘못된 행위가 나오게 된다.

사람들은 이 같은 진리를 망각하고, 가장 중요한 도덕적인 원리를 혼동한다. 사람들 가운데는 다음과 같이 두 그룹의 사람들이 있다. 먼저, 주의 깊게 자신의 마음을 살펴 모든 그릇된 생각을 제하여 버리고 진실하고 온정 있는 태도로 진리를 추구하려는 사람들이 있다. 이와는 달리, 과거에 가졌던 생각 - 그것이 무엇이든 - 이 주입해 주는 견해를 아무런 생각 없이 받아들이는 사람들이 있다. 이러한 사람들은 무분별한 열정과 관심을 가지고 맹목적으로 살든지 아니면 마음에 주어진 것을 그대로 답습하는 게으른 생각을 갖게 된다. 무엇을 믿는가는 중요하지 않다고 생각하는 사람들은 이 두 그룹의 사람들을 똑같이 취급하려는 우를 범하고 있다고 할 수 있다.

2. 진실하면 만사가 그만이다

진실하면 만사가 그만이라는 두 번째 견해도 근거 없는 가정에 불과하다. 이는 최고의 존재이신 하나님이 우리에게 거짓으로부터 진리를, 그릇된 것에서 올바른 것을 가려낼 수 있는 충분한 수단을 주시지 않았다고 주장하는 것과 같다. 이것은 인간의 생각과 행위가 아무리 거칠고 지나쳐도 괜찮다는 의미를 함축하고 있다. 결국, 이러한 생각을 갖게 되면 그릇된 정서와 행위라 해도, 이것들이 마치 이성과 절제의 원칙에 적합한 것이라도 되듯이 객관적인 판단과 정직한 확신에서 이루어진 것인 양 인정해 버리는 잘못을 범하게 된다.

진실로 이러한 생각만큼 보편적으로 그 위세를 떨쳤던 것은 없었다. 세상 역사를 보더라도 진실하고 성실한 확신에 근거한 행위였지만 사실은 끔찍한 범죄 행위로 드러난 사례들을 많이 찾아볼 수 있다. 성경도 이와 비슷한 사례들을 소개하고 있다.

복되신 구세주께서는 제자들에게 경고하시기를, "때가 이르면 무릇 너희를 죽이는 자가 생각하기를 이것이 하나님을 섬기는 예라 하리라"요 16:2고 하셨다. 겉보기에는 진실하고 확신에 찬 행위라 하더라도 실상은 범죄가 될 수 있음을 지적하신 말씀이다.

진실에 관한 올바른 이해가 필요하다

우리는 이 같은 잘못된 원칙을 버려야 한다. 우리는 진실을 주장하는 사람들로 하여금 이 말의 진정한 의미를 생각하도록 해야 한다. 진실은 정직한 생각, 배움에 대한 열망, 겸손한 탐구, 객관성 있는 생각, 편견 없는 판단을 의미하며, 지식의 수단을 사용하여 지식을 향상시켜 나가려는 성실한 태도를 요구한다.

우리는 하나님이 축복해 주시기를 간절히 바라는 기도를 드리면서 이러한 가치를 열심히 추구해야 한다. "구하라 그러면 너희에게 주실 것이요 찾으라 그러면 찾을 것이요 문을 두드리라 그러면 너희에게 열릴 것이니"눅 11:9-10. "너희 목마른 자들아 물로 나아오라"사 55:1.

이는 참으로 진실한 탐구자를 격려하고 또 그에게 확신을 주는 은혜로운 말씀이 아닐 수 없다. 하나님의 이 같은 관대한 은총을 가볍게 여긴다면 우리의 죄가 얼마나 클 것인가! "많은 선지자와 임금이 너희 보는 바를 보고자 하였으되 보지 못하였으며 너희 듣는 바를 듣고자 하였으되 듣지 못하였느니라"눅 10:24.

진정으로, 우리에게 주어진 기회는 지극히 크다. 하지만, 우리의 책임도 또한 못지 않게 크다. 장차 모든 것을 심판할 때가 도래할 것이다. 하나님의 심판대 앞에 불려 나가 우리가 어떤 식으로 우리의 청지기적 삶을 살아왔는가에 대해 답변하게 될 때, 어떤 말로 우리를 변호할 수 있을 것인가? 우리가 생명으로 인도하는 길을 완악한 마음으로 의도적으로 무시한다면 과연 어떤 변명을 할 수 있겠는가? 생명에 이르는 길을 알게 해주는 초월적인 수단성경을 가지고 있으면서, 또 그것을 통해 진리를 찾으라는 긴급한 명령을 들으면서도 그렇게 하지 않는다면 어떤 할 말이 있을 수 있겠는가?

묵·상·과·토·의·를·위·한·질·문
for Personal Reflection or Group Discussion

1. 윌버포스의 동료들처럼, 옥스퍼드의 C. S. 루이스의 동료들도 '신앙'이란 너무 개인적인 주제이기 때문에 책을 쓰기는 고사하고 공개적으로 논의하기조차 곤란한 것이라고 생각했다. 특히 높은 직위에 있는 사람이 기독교 신앙에 관한 자신의 개인적인 확신을 공개적으로 표명하는 것이 여전히 금기시되고 있는 이유는 무엇일까?

2. 전에는 '진지하다.'는 것이 사회적인 미덕이었다. 하지만, 윌버포스 당시처럼 오늘날에도 사람들이 '진지하다.'는 것에 냉소적인 반응을 보이는 이유는 무엇일까?

3. 윌버포스 당시, '말로만 기독교 신앙을 고백하는 사람들'이 수없이 많았다. 그 이유는 무엇일까? 요즈음에도 여전히 이러한 그리스도인들이 많다고 생각하는가?

chapter 2

인간 본성에 관한 잘못된 개념

요즘 그리스도인임을 자처하는 사람들 가운데 인간 본성을 잘못 이해하는 사람들이 많은 것 같다. 지금까지 이 문제에 대해 관심을 많이 갖지 않았다. 하지만, 이 문제는 엄청나게 중요하다. 한마디로, 이것은 모든 참된 신앙의 근본과 관련된 문제이다. 아울러, 이것은 기독교의 토대이자 근본이기도 하다.

많은 사람이 죄의 근본 원인을 생각하지 않는다

기독교 신앙을 고백하는 식견 있는 사람들 가운데 대부분이 인간 본성은 연약하고 부패해 있다는 사실을 간과하거나 부인한다. 물론, 그렇다고 이들이 과거나 현재나 항상 많은 불의와 사악함이 인간 세상에 존재해 왔음을 부인하는 것은 아니다. 이들은 인류는 항상 이기심과 욕망을 따르는 성향을 지니고 있기 때문에 보다 품위 있고 자유로운 본성에 복종하여 사는 것을 거부한다는 사실을 인정한다.

이들은 인류의 과거 역사와 문화 속에 압제, 강탈, 잔인, 사기, 질투, 악의 등을 보여 주는 여러 가지 사례들이 있다는 것을 무시하지 않는다. 이러한 일들이 공적인 일과 사적인 일을 통해 자행되었다는 사실을 알고 있다. 이들은 이러한 잘못을 저지르는 사람들에게 심판에 관해 말해 보았자 아무 소용이 없다고 말한다. 이는 인간의 마음을 개혁할 수 없다는 주장이다.

그들은 자신들의 의무가 무엇인지 알고 있지만, 실천에 옮기지 않는다. 이들은 미덕을 행하는 것이 참되고 보람있는 삶을 사는 것임을 어쩔 수 없이 인정해야 할 때도, 그렇게 하기를 거절한다.

인간 본성의 부패로 인해 악한 일들이 벌어진다는 것을 인정하고 애석해하면서도, 우리는 정작 그러한 일들이 어떻게 해서 일어나게 되었는지 그 근본 원인은 생각하려 하지 않는다.

죄를 우연한 것으로 여긴다

대신에, 사람들은 인간이 연약하고 강하지 못해서, 또는 우발적인 사고로 죄를 짓는 것이라고 생각한다. 이들은 대개 인간이 사소한 불법을 저지를 때도 있고, 가끔 실패할 때도 있다고 생각한다. 사람들은 이런저런 핑계를 둘러대며 악의 진정한 근원을 희석시켜 버린다. 악의 근원을 캐내어 굳이 심리적인 충격을 받기 원하지 않기 때문에, 인간의 교만한 본성을 스스로 자위하며 덮어 버린다.

　기독교 신앙을 가진 사람들 가운데 다수가 인간은 본성적으로 순수한 존재라고 믿고 있다. 이들은 인간이 모든 덕행을 행할 수 있는 성향을 지니고 있다고 생각한다. 인간이 죄를 짓게 되는 것은 강렬한 유혹에 끌려서 어쩔 수 없이 그렇게 되는 것이라고 한다. 이들은 인간이 악을 저지르는 것은 본질적이고 습관적인 본성에서 나오는 것이 아니라, 우연적이고 일시적인 충동에서 나오는 것이라는 신념을 갖는다. 말하자면, 인간의 악은 인간의 마음속에 일시적으로 자라 번성하는 독풀이나 잡초와 같은 것이지, 인간의 본성 그 자체에서 자연적으로 성장하여 생산되는 것이 아니라는 생각이다.

죄에 대한 성경의 견해

　진정한 기독교는 이와는 전혀 다른 견해를 갖는다. 참 기독교는 겸손하게 인간 본성의 부패를 인정한다. 성경은 인간이 신앙을 저버린 피조물이라고 가르친다. 인간은 높은 곳, 즉 본래의 상태에서 타락했다. 그 결과, 인간의 본성이 부패해졌고, 그의 모든 기능이 타락하게 되었다. 인간은 선한 것을 거부하고 악한 것을 지향하는 마음을 갖게 되었다. 악의 성향은 우연적인 것이 아니라, 인간 본성에 뿌리 박혀 있다. 따라서, 인간이 죄를 짓는 것은 자연스럽고 쉬운 일이다. 반대로, 선을 행하는 성향이 없기 때문에, 인간이 선을 행하는 것은 당연히 힘들고 어려울 수밖에 없다.

　인간은 죄로 오염되었다. 그것도 가볍게 피상적으로가 아니라, 근본적으로 그의 존재의 중심에 이르기까지 오염되었다. 이러한 사실을 인정하는 것이 수치스럽게 느껴질지라도 이것이 바로 성경이 인간 본성에 관해 가르치는 진리다. 인간의 존귀한 성품은 과거의 흔적으로만 남아 있다. 인간의 현재 상태, 즉 그의 도덕적인 타락상을 고려할 때 성경의 가르침을 진리로 인정하지 않을 수 없다.

"그 높은 곳으로부터 네가 보는 그 깊은 심연 속으로 타락하였도다."

존 밀턴, 『실락원』*Paradise Lost*, 제1권

인간의 도덕적 능력

먼저, 발명, 이성, 판단, 기억 등과 같은 인간의 자연적인 능력과 기능들을 조사해 보자. 인간은 '폭넓은 대화 능력', '전후를 파악하는 힘'을 가지고 있다. 이러한 능력을 바탕으로 과거를 돌이켜 보고, 현재를 판단하며, 미래를 예견한다. 인간은 분별하고, 수집하며, 조합하고, 비교하는 능력을 가지고 있다. 인간은 도덕적인 탁월함이 지닌 아름다움을 이해하고 우러러볼 줄 안다.

인간의 감정에 대해 생각해 보자. 인간은 두려움과 희망, 따뜻함과 발랄함, 기쁨과 슬픔의 감정을 갖고 있다. 이러한 감정을 통해 서로를 위로하고 편안하게 해준다. 또한 인간은 사랑을 통해 애정을 표시하고, 인내를 통해 어려움을 견딘다. 게다가 인간에게는 양심, 즉 인간의 마음속에는 모든 것을 충실하게 감시하는 능력이 있어서 이성이 내린 결정을 강화하고, 영혼의 열정을 바르게 사용하도록 이끈다.

하지만, 이 모든 도덕적인 능력에도 불구하고, 우리는 인간이 '파멸에 더 빠른' 존재임을 인정해야 한다. '행복한, 행복한 세계!' 라는 외침은 다른 행성에 사는 사람들이나 할 수 있는 말일 것이다. 왜냐하면, 우리가 살고 있는 이 지구에는 더 많은 도덕적 행위를 요구할 수밖에 없는 상황과 경우들이 매우 많기 때문이다.

인간의 행위

하지만, 인간의 행위는 그의 자연적인 능력과는 전혀 딴판이다 – 인간이 그러한 능력들을 어떻게 사용하고 활용하고 있는지를 보라. 인간의 행위는 전혀 다른 양상을 띤다. 인간의 행위를 전반적으로 고찰해 보자. 모든 연령층, 여러 나라, 여러 기후, 여러 가지 사회적 조건, 여러 시대의 사람들을 생각해 보자. 과연 어디에서 인간의 고귀한 품성을 발견할 수 있는가? 인간의 이성은 어두워졌고, 감성은 왜곡되었으며, 양심은 마비되어 있지 않은가! 인간의 저주받은 마음에서 얼마나 많은 분노, 시기, 증오, 복수심 등이 뿜어져 나오고 있는가! 인간은 아주 비열한 욕심의 노예가 되어 버렸다. 악으로 치닫는 흉악한 성향을 가지고 있는 인간을 보라! 인간은 선을 행하는 데 있어서 전적으로 무능력하다!

고대 문명 사회에서 발견되는 타락상

고대 세계를 돌이켜 보자. 끔찍한 무지와 야만이 판을 쳤던 미개한 문명 사회뿐 아니라, 눈부신 발전으로 문명화된 세계, 즉 고상한 취미와 배움과 철학이 발전했던 문명 사회를 생각해 보자. 심지어, 지식이 태양처럼 빛나는 선택받은 문명 사회에도 도덕적인 어둠이 짙게 덮여 있었음을 '알 수 있다.' 어리석은 우상 숭배, 미신적인 관습, 사랑의 결핍, 극악무도한 행위, 냉혹한 압제, 야만적인 잔인함 등 이루 헤아릴 수 없는 악이 저질러졌음을 보게 된다!

배움이 없는 천한 사람들이 아니라, 학식 있고 고상한 삶을 산다고 하는 사람들을 살펴보라. 반드시 고삐 풀린 망아지처럼 제멋대로 방탕한 삶을 사는 사람들만을 생각할 필요는 없다. 점잖고 도덕적인 사람들의 행위를 보더라도 혐오감과 수치스러움으로 고개를 돌릴 수밖에 없을 것이다. 바울 사도는 이러한 사실을 잘 지적하고 있다. "저희가 마음에 하나님 두기를 싫어하매 하나님께서 저희를 그 상실한 마음대로 내어버려 두사"롬 1:28.

'고결한 야인'野人 아메리카 사회

이제, 눈을 돌려 세계의 다른 곳, 즉 새로운 반구半球 아메리카 대륙의 원주민들을 생각해 보자. 그곳은 구舊세계의 해로운 관습과 전염성이 강한 악습이 전혀 영향을 미친 적이 없던 곳이다. 이러한 곳의 자연의 자식으로 태어나 살아가는 사람들에게서는 다른 곳에서 찾아 볼 수 없는 도덕적인 삶의 모습을 기대할 수 있을 법도 하다. 하지만, 이것 역시 헛된 노력에 불과하다! 아메리카의 역사가들이 그들에 관해 증언한다. 그들의 증언은 다른 기록들보다 아메리카 원주민들을 좋게 말하고 있지만, 그들조차도 아메리카 원주민들을 자존심, 나태, 이기심, 교활함, 잔인함으로 똘똘 뭉친 존재들이라고 말한다.

한 저자에 따르면, 그들은 만족할 줄 모르는 복수심과 수그러들 줄 모르는 잔악함으로 가득하고, 자연의 온후한 감성이 전혀 없는 사람들이라고 한다. 그들은 전쟁에서 붙잡은 포로들을 끔찍한 방법으로 다룬다. 포로들을 가장 잔인하게 고문하여 죽인 다음 그들의 죽은 시체를 놓고 축제를 벌인다. 이 같은 악습은 너무나 잘 알려져 있기 때문에 더 이상 혐오스럽게 늘어놓을 필요가 없다. 그들은 전쟁에 나가서는 용감하고 인내심 있게 죽음을 각오하고 싸우는 강인한 몸과 마음을 가지고 있지만, 그밖에는 칭찬할 만한 것이 전혀 없는 종족들이다.

그러면, 그리스도인은 더 나은가?

이와 같이, 이교도의 삶이 하나도 쓸 만한 것이 없다면, 과연 기독교의 영향 아래 살고 있는 사람들은 어떠한가? 기독교는 이방 세계에서 발견될 수 있는 그 어떤 도덕률보다도 더욱 탁월한 도덕률을 가지고 있다는 사실은 부인할 수 없다.

기독교가 가는 곳마다 인간의 성품이 향상되고, 보다 많은 사회적 안정이 이루어졌다. 특별히 가난한 자와 약한 자들에게 유익이 되었다. 기독교는 처음부터 그러한 사람들을 특별히 보호하는 종교로서 그 특징을 드러냈다. 하지만, 이처럼 나아진 상황 속에서도 통탄할 만한 인간의 타락상을 매우 많이 발견하게 된다. 진실로, 인간의 타락상은 너무나도 분명하여 변명할 여지가 없다. 우리가 가지고 있는 많은 능력들은 단지 우리에게 지워진 의무만을 가중시키고 있을 뿐이다.

우리가 가지고 있는 도덕률을 생각해 보라 – 복음이 제공하는 새로운 복종의 원리를 생각해 보라는 말이다. 그 얼마나 탁월한 것인가! 무엇보다도, 미래에 심판이 있다는 기독교의 가르침을 생각해 보라. 이러한 것들을 생각할 때 우리의 책임은 훨씬 더 크다. 하지만, 이 모든 지식에도 불구하고, 선을 행하는 일에는 거의 진보가 이루어지지 않고 있다.

번영으로 인해 오히려 마음이 완악해졌다. 권력이 무제한적으로 남용되고 있다. 악습은 빠르게 성장하고 있는 반면에, 덕행은 아주 천천히 어렵게 형성되어 가고 있다. 덕행을 가르치고 그 아름다움에 매료된 듯이 보이는 사람들도 말로만 그러할 뿐 실천이 뒤따르지 않는 삶을 산다. 그들은 다른 사람들에게는 매우 진지하게 도덕적인 삶을 살라고 권고하지만, 자신들은 지극히 사소한 것에 집착하여 가르치는 바를 실행하지 않는다.

다른 일을 생각해 보더라도 역시 마찬가지라는 것을 알 수 있다. 어린아이들도 악하고 반항적인 성향을 띠고 있다. 가장 지혜롭고 선량한 사람이 아무리 힘든 노력을 기울여 어린아이들을 바르게 교육하려고 해도 안 될 때가 많다. 우리 스스로에게 행하는 거짓들은 또한 어떤가? 우리의 이 같은 부패한 삶 때문에 기독교가 수치를 당하는 때가 비일비재하다. 평화의 복음이 잔인한 도구로 바뀌어 버렸다. 기독교가 가해 온 잔인한 박해로 인해, 예수 신앙이 지니고 있는 온유하고 관대한 정신이 흔적도 없이 사라져 버렸다.

스스로를 그리스도인으로 생각하는 사람들은 마땅히 다음의 말에 귀를 기울여야 한다. 우리는 온전한 계시의 빛 가운데 살고 있다. 우리는 '그분 안에 살며 기동하며 존재한다.'는 것을 믿는다 행 17:28. 우리에게 영원한 영광이 약속되어 있으며, 하나님의 아들이 흘리신 속죄의 피가 주어졌다는 말씀을 듣는다. 그럼에도 불구하고, 우리는 하나님의 은혜를 잊고 있다. 그분의 은총을 가볍게 여기고, 차갑고 무감각한 마음으로 받아들이고 있다.

헌신적이고 경건한 그리스도인들을 통해서도 인간이 얼마나 부패한 존재인가를 알 수 있다

그리스도인들 가운데는 자기를 부인하는 신앙을 가진 신자들이 있다. 이들은 남보다 깨어 있는 삶을 살아온 사람들이다. 우리는 그들의 삶을 통해 인간이 부패한 본성을 가지고 있다는 성경의 가르침을 분명하게 확인할 수 있다. 우리는 앞서 악하고 음란한 세상에서 행해지고 있는 악습들을 통해 인간의 부패성을 생각해 보았다.

다시 한번 경건한 신자의 개인적인 경험을 통해 그 점을 확인할 수 있다. 경건한 삶을 살아온 모범적인 신자의 삶을 조용히 생각해 보라. 그들이 인간의 부패한 마음과 어떠한 투쟁을 벌였는가를 깊이 묵상해 보라. 그들의 생애를 통해 인간의 부패한 마음이 얼마나 고질적인 것인가를 알게 될 것이다. 그들은 평생을 자신의 부패한 마음과 더불어 싸워야 했다. 그들은 날마다 인간은 부패한 존재라는 생각을 수없이 되새기지 않을 수 없었다. 매시간 자신들이 순수한 마음을 가지고 살지 못했음을 고백해야 했다. 나약함에 빠져 삶의 올바른 목적을 향해 제대로 살지 못하고, 항상 저급한 생각과 이기적이고 무가치한 욕망에 사로잡혀 살아온 자신들을 자책해야 했다. 자신의 의무를 태만히 하고, 그러한 의무에 무관심했던 자신을 보고 괴로워해야 했다.

경건한 신앙인들은 자기 안에 두 가지 다른 법이 싸우고 있다는 사실을 고백하지 않을 수 없었다. 사도 바울도 "내가 원하는 바 선은 하지 아니하고 도리어 원치 아니하는 바 악은 행하는도다"롬 7:19라고 했다. 청교도 리처드 후커도 "우리의 거룩함이 무엇인가? 하나님 보시기에는 부패하고 오염된 것뿐이다. 우리는 스스로 경건하다고 내세울 수 없다. 우리의 경건은 지극히 미약한 것이다. 감히 하나님 앞에서 우리의 경건을 자랑하며 주장할 수 없다. 다만 끊임없이 우리의 약함을 고백하고 죄의 용서를 호소할 수밖에 없다."라고 했다.

이것이 인간이 처한 도덕적 상황이며, 인간이 걸어 온 도덕의 역사이다. 물론, 인간은 사람마다 각기 다를 수 있다. 때로는 인간의 도덕적 상황이 더 어두울 때도 있고, 때로는 조금 더 밝을 때도 있다. 하지만, 전체적으로 놓고 볼 때 인간의 도덕적 본성은 어디에서나 동일하다. 그 어느 곳을 놓고 보더라도, 인간은 부패한 본성을 지니고 있다는 실망스러운 증거를 보게 될 뿐이다. 고대를 보든 현대를 보든, 야만적인 사회를 보든 문명 사회를 보든, 우리 주변의 세상을 보든, 우리 안에 있는 양심을 보든, 심지어 우리가 읽고, 듣고, 생각하고, 느끼는 모든 것에 있어서 우리는 인간이 부패한 존재라는 것을 부끄럽지만 인정하지 않을 수 없다.

개인마다 제각기 상황이 조금씩 다를 것이다. 어떤 사람들은 다른 사람들보다 더 많이 부패한 본성의 노예가 될 수도 있다. 반면에 어떤 사람들은 잠시 동안 그러한 상태에서 해방된 듯이 보일 수도 있다. 하지만, 전적으로 순수한 사람은 아무도 없다. 예외 없이 모두가 더하든 덜하든, 부패한 본성의 노예가 되어 수치스러운 일을 행하고 있다.

죄라는 것이 중력의 법칙처럼 설명될 수 있는가?

철저하고 공정한 관찰을 한다면 지금까지 말한 것이 사실이라는 점을 인정하지 않을 수 없을 것이다. 그렇다면, 죄가 어떻게 인간에게 생겨났는가? 인간이 원죄로 인해 부패하게 되었다는 것 이외에 다른 설명의 근거가 있는가? 단언하건대, 원죄 이외의 다른 설명은 모두 만족스럽지 못하다고 할 수 있다. 원죄야말로 인간이 저지르는 모든 악한 결과들의 확실한 원인이다.

이 문제와 관련하여 중력의 원리를 생각해 보자. 중력의 원리가 있기 때문에 그 법칙이 존재할 수 있듯이, 원죄가 있었기 때문에 인간이 부패한 본성을 지니게 되는 결과가 나타난 것이다. 원죄 교리는 아이작 뉴턴의 과학이 토대로 삼고 있는 중력의 원리만큼이나 흔들리지 않는 원리이다. 원죄 교리는 단순한 사색을 통해 나온 것이 아니다. 많은 실제적인 실험을 통해서 나온 독창적인 이론도 아니다. 원죄 교리는 논의의 여지가 없는 사실들을 통해 연역된 것이다. 우주라는 커다란 체계 속에서 일어나는 다양한 현상과도 일치하고, 다양한 곳에서 확인될 수 있는 진리이다.

본성의 변화를 통해 하나님과 새로운 관계를 맺게 되다

하지만, 우리의 사고는 성경의 계시를 통해 인정되어야 한다. 우리의 이성만을 가지고 생각한다면 오류에 빠질 수 있다. 하지만, 다행히 성경도 지금까지 우리가 말해 온 것을 확증해 주고 있다. 성경은 우리를 타락한 피조물이라고 말한다. 성경의 거의 모든 페이지마다 인간의 교만함을 질책하고, 인간의 자랑을 꺾어 놓는다.

"사람의 마음의 계획하는 바가 어려서부터 악함이라"창 8:21. "사람이 무엇이관대 깨끗하겠느냐 여인에게서 난 자가 무엇이관대 의롭겠느냐"욥 15:14. "하물며 악을 짓기를 물 마심같이 하는 가증하고 부패한 사람이겠느냐"욥 15:16. "하나님이 하늘에서 인생을 굽어살피사 지각이 있는 자와 하나님을 찾는 자가 있는가 보려 하신즉 각기 물러가 함께 더러운 자가 되고 선을 행하는 자 없으니 하나도 없도다"시 53:2-3.

"내가 내 마음을 정하게 하였다 내 죄를 깨끗하게 하였다 할 자가 누구뇨"잠 20:9. "만물보다 거짓되고 심히 부패한 것은 마음이라 누가 능히 이를 알리요마는"렘 17:9. "내가 죄악 중에 출생하였음이여 모친이 죄 중에 나를 잉태하였나이다"시 51:5. "우리 육체의 욕심을 따라 지내며 육체와 마음의 원하는 것을 하여 다른 이들과 같이 본질상 진노의 자녀이었더니"엡 2:3. "오호라 나는 곤고한 사람이로다 이 사망의 몸에서 누가 나를 건져내랴"롬 7:24.

이러한 구절들은 성경에서 얼마든지 찾아 볼 수 있다. 성경에는 또한 이러한 말씀들이 진리임을 보여 주는 다양한 사례들과 내용들이 제시되어 있다. 이런 구절들은 모두 우리 인간이 참된 그리스도인이 되기 위해서는 철저한 마음의 변화—즉 우리 본성의 혁신—가 필요하다고 말한다. 본성이 변화된 거룩한 신자들은 즉시 거룩하신 하나님의 백성으로 살고자 하는 선한 성향을 지니게 된다.

사탄은 실제적인 존재이다

하나님의 말씀은 우리의 부패한 본성과 더불어 싸워야 할 뿐 아니라, 악한 자들의 마음을 통치하는 어둠의 권세인 사탄과도 싸워야 한다고 가르친다. 성경은 사탄을 "이 세상 임금"요 14:30이라고 부른다. 이는 사탄의 통치력이 온 세상에 미친다는 것을 보여 준다. 사탄의 존재를 현실적으로 받아들이느냐 아니냐에 따라, 성경적인 신앙을 믿느냐 아니면 이름뿐인 기독교를 믿느냐가 결정된다.

성경이 사탄의 존재를 거듭하여 명백하게 가르치고 있음에도 불구하고, 성경의 권위를 믿는다고 고백하는 나라에 사는 사람들이 이것을 잘못된 미신인 양 타파하려고 든다. 성경의 다른 진리들에 대해서는 그런대로 수긍하며 믿고 있는 편이다 – 물론, 이 경우에도 사람들은 그 본래의 의미와 내용을 적당히 삭제하여 믿을 수 있는 것만 받아들이려고 한다 – 하지만, 사람들은 사탄의 존재에 대해서는 그것을 현실로 받아들이려고 하지 않는다. 우리는 사탄의 실제성을 사라져 가고 있는 종교적인 편견으로 치부해 버리고자 한다. 다시 말해서, 그것을 양식 있는 사람으로서는 도저히 받아들일 수 없는 교리라고 생각한다. 계몽된 오늘의 세계는 사탄의 실제를 유령이나 마녀 등과 같이 이성의 비평 아래서는 살아 남을 수 없는 흘러간 옛 시대의 미신적인 일에 불과하다고 본다.

그렇다면, 과연 사탄에 대한 교리는 타당하지 않은 교리인가? 아니면, 사탄이라는 존재는 무엇인가? 실제적인 현실을 가리키는 것인가? 우리는 하나님의 원수가 되어 살아가는 악한 사람들이 세상에 존재하는 것을 보고 있다. 우리는 악한 사람들이 동료 인간에게 악을 자행하는 것을 본다. 그들은 다른 사람들을 부추겨 악을 행하게 하는 일을 기뻐한다. 이러한 현실을 볼 때, 악한 영향력을 끼치는 영적이고 지성적인 존재가 있다고 믿는 것이 그렇게 터무니없는 일은 아닌 듯싶다.

이렇듯, 세상에서 벌어지고 있는 두려운 악의 현실은 사탄의 존재에 관한 성경의 증언과 일맥상통한다. 진실로, 사탄은 분명히 실제적인 존재이다.

어떻게 해야 하는가?

이것이 우리의 슬픈 현실이라면, 과연 어떻게 해야 하는가? 희망은 없는 것인가?

하나님께 감사드리자! 우리는 이 슬픈 현실 속에 갇혀 빠져 나올 수 없는 절망 속에만 있지 않다. 소망이 없는 무력한 삶을 살아온 사람들은 복음의 좋은 소식을 기쁘게 받아들이고, 그러한 구원의 가치를 높이 평가할 것이다.

그러므로, 인간의 원죄 및 본성의 부패와 같은 주제들을 성급하게 간과해 버려서는 안 될 것이다. 인간의 교만한 본성을 논한다는 것은 고통스럽고 수치스러운 일이다. 우리는 우리의 본성이 부패했다는 사실을 인정하기 싫어한다. 아니, 싫어하는 정도가 아니라 혐오하고 화를 낸다. 하지만, 이 사실을 인정해야만 우리는 바로 설 수 있다. 그렇지 않으면, 우리가 세운 모든 공든 탑이 언젠가는 흔들거리고 불안정한 모습으로 드러나게 될 것이다.

인간의 본성이 부패했다는 사실은 형이상학적인 사색이 아니라, 실제적인 문제이다. 우리가 얼마나 악한 질병을 앓고 있으며, 그 결과가 얼마나 두려운 것인가를 알지 못한다면, 우리는 우리의 질병을 치료할 수 있는 방법을 찾는 일에 열심을 내지 않게 된다. 우리가 부지런히 찾으면 그 치유책을 발견할 수 있다. 하나님께서 우리에게 모든 도움을 제공하신다.

하지만, 우리 스스로의 힘으로는 올바른 일을 할 수도 없고, 하려는 의지도 가질 수 없다는 사실을 명심해야 한다. 성경은 "두렵고 떨림으로 너희 구원을 이루라"빌 2:12고 분명하게 권고한다. 또한 깨어 있을 것과 "하나님의 전신갑주를 입으라"엡 6:11고 말씀한다.

하지만, 원죄 교리에 단순히 동의하는 것만으로는 충분하지 않다. 그것을 마음 깊이 느껴야 한다. 이렇게 되기 위해서는 항상 부패한 우리의 본성으로부터 나오는 악한 결과들을 기꺼이 인정하고 뉘우칠 수 있는 마음 자세를 가져야 한다.

우리는 책에서, 또는 주변에서 인간의 부패한 본성으로 말미암는 죄악과 어리석음의 사례들을 많이 찾아 볼 수 있다. 이러한 사실들을 목격할 때마다 마음속으로 우리 자신이 얼마나 부패한 존재인가를 느낄 수 있어야 한다.

우리 자신에 대해서는 항상 엄격하게 경계하는 마음 자세를 유지하고, 다른 사람의 잘못에 대해서는 마치 병자들을 대하듯이 너그럽게 불쌍히 여기는 마음을 가져야 한다. 우리의 부패한 본성을 깨닫게 할 수 있는 수많은 기회와 방법들이 있는데도 그것들을 무시함으로써 스스로 화를 자초하는 일이 없도록 해야 한다.

하나님이 본래 인간을 그렇게 창조하신 것이 아니냐고 이의를 제기하는 것은 타당한가?

사람들은 종종 생각하기도 두려운 이의를 제기한다. 이는 인간이 너무 교만하여 겸손할 줄 모르기 때문이다. 사람들은 인간이 부패한 본성을 가졌다는 결론에 대해 자신들의 결백을 더 이상 변호할 수 없는 궁지에 몰리게 되면 다음과 같은 주장을 편다.

"내가 어떤 존재이건 간에 창조주가 나를 그렇게 만든 것 아니겠소? 당신이 부패했다고 말하는 그 본성과 악의 성향을 본래 타고난 것을 어찌하란 말이오? 내가 그러한 본성을 타고났다면 내 주위에 있는 모든 유혹들을 어떻게 견디어 낼 수 있겠소? 이러한 사실이 나의 결백을 입증하는 타당한 이유가 못 된다 해도, 최소한 나의 죄책을 가볍게 해주기에는 충분한 이유가 된다고 생각하오. 나는 연약하고 나약한 존재오. 무한한 정의와 선을 지니신 지고至高의 존재가 인간인 나보다 더 고귀한 본성을 지닌 존재를 심판하는 원칙으로 나를 심판하실 수 없을 것이오. 만일 그렇다면 그것은 내게 매우 불공평한 것이 될 것이오."

본서는 성경의 권위를 인정하는 사람들을 독자로 하고 있기 때문에, 이 문제에 대해 성경이 어떻게 말하고 있는지를 살펴보고자 한다. "사람이 시험을 받을 때에 내가 하나님께 시험을 받는다 하지 말지니 하나님은 악에게 시험을 받지도 아니하시고 친히 아무도 시험하지 아니하시느니라"약 1:13. "아무도 멸망치 않고 다 회개하기에 이르기를 원하시느니라"벧후 3:9.

이 외의 다른 성경 구절들도 하나님이 우리를 유혹에 빠뜨리신다는 생각은 전혀 합당치 않은 것이라고 논박한다. "나 주 여호와가 말하노라 내가 어찌 악인의 죽는 것을 조금인들 기뻐하랴 그가 돌이켜 그 길에서 떠나서 사는 것을 어찌 기뻐하지 아니하겠느냐"겔 18:23. "나 주 여호와가 말하노라 죽는 자의 죽는 것은 내가 기뻐하지 아니하노니"겔 18:32. 거의 모든 성경 말씀이 경고와 회개의 내용으로 가득하다. 조금이라도 생각할 줄 아는 사람이라면 이러한 말씀들은 우리의 현재 상태가 어떠한지를 증언하고 있음을 쉽게 알 수 있을 것이다.

인간 본성에 관한 얄팍한 낙관론을 조심하라

인간 본성에 관한 그릇된 낙관론에 대해 한마디하는 것이 중요하다고 본다. 왜냐하면, 그릇된 낙관론은 인간의 도덕적 책임을 희석시키기 때문이다. 사실, 우리는 은연중에 자신도 모르는 사이에 이러한 낙관론에 젖어 있다. 그 결과, 의심과 불신앙의 마음을 가지게 되거나, 옳고 그른 것에 관한 도덕적 기준을 낮추게 되고, 그릇된 위로와 평안을 참된 것으로 착각하게 된다.

앞서 살펴본 대로, 성경은 인간이 연약하고 부패한 본성을 지니고 있다고 가르친다. 하지만, 성경은 그렇다고 해서 인간이 하나님의 공의가 요구하는 바를 충족시키지 못해도 괜찮다고 용인하지 않는다. 오히려, 성경은 이러한 잘못된 생각을 논박한다. 인간 본성에 관한 낙관론은 우리가 하나님의 도덕법을 어기는 것을 변명하기 위한 논리에 불과하다. 이러한 생각은 그리스도의 속죄로 말미암는 구원과 정면으로 대립된다.

이러한 말을 근심스럽게 받아들이는 그리스도인들이 있을지 모르겠다. 하지만, 성경이 말씀하고 있는 진리를 통해 위안받기 바란다. 우리 인간이 연약하고 부패한 본성을 지니고 있으며, 또 많은 유혹을 당하고 무한히 거룩하신 하나님 앞에 서 있다 해도, 하나님은 회개한 죄인들에게 항상 무한한 용서와 은총과 힘을 주신다는 사실을 확신하라.

지금까지 다루어 온 주제들 가운데는 우리 인간의 생각으로는 온전히 이해할 수 없는 어려운 내용들도 많이 있다. 인간의 제한된 이해력 때문에 끊임없는 의심과 논쟁이 있을 수밖에 없다. 따라서, 우리는 겸손해야 한다. 우리가 지금 생각하고 있는 것은 물질의 속성이나 수리를 다루는 과학적인 문제들이 아니다. 우리는 지금 무한한 지혜를 가지고 계신 하나님의 말씀과 뜻을 생각하고 있다. 성경은 이렇게 말한다. "그의 판단은 측량치 못할 것이며 그의 길은 찾지 못할 것이로다"롬 11:33. "구름과 흑암이 그에게 둘렸고 의와 공평이 그 보좌의 기초로다"시 97:2. 이와 같으신 하나님 앞에서 우리가 다 이해할 수 없는 것은 당연한 일이 아니겠는가? 하지만, 비록 다 이해할 수는 없다 하더라도 겸손하게 하나님을 믿고 의지하는 것이 우리의 마땅한 태도라고 할 수 있다.

기독교가 증거하는 것들 가운데 이해하기 어려운 문제들이 있는 것은 사실이다. 하지만, 우리의 구원에 필요한 것들은 명백하게 제시되어 있다. 우리는 성경을 통해 참된 지혜를 충분히 얻을 수 있다. 성경에는 우리의 이해를 뛰어넘는 내용들이 있지만, 그 계시된 말씀을 받아들이는 것이 현명한 태도이다(물론, 나는 우리의 이성에 반대되는 내용이 성경에 있다고 말하고 있는 것은 아니다). 하나님의 계시는 비록 우리의 이해의 한계를 뛰어넘는 내용을 포함하고 있지만, 충분히 만족할 수 있는 명료한 진리를 제시하고 있다. 사실, 우리의 문제는 이해가 되지 않는다는 평계로 깊은 진리의 바다 속으로 과감히 헤엄쳐 나갈 준비가 되어 있지 않다는 것에 있다. 성경은 말씀한다. "오묘한 일은 우리 하나님 여호와께 속하였거니와 나타난 일은 영구히 우리와 우리 자손에게 속하였나니 이는 우리로 이 율법의 모든 말씀을 행하게 하심이니라"신 29:29.

나는 우리 인간이 처해 있는 상태에 관해 진지하게 관심을 갖는 사람들에게 이러한 말을 하고 있는 것이다—하나님과 화목하기를 원하며, 이 짧은 인생이 지난 후에 있을 영원한 심판, 즉 영원한 행복과 영원한 불행에 관심이 있는 자라면 누구나 나의 이러한 말들을 진지하게 생각해 주리라고 믿는다. 이러한 중요한 문제를 제쳐놓고 사람들이 헛된 사색에 몰두해 있는 것을 보면 참으로 안타깝고 측은한 생각이 든다. 또한, 이런 중대한 문제들을 단지 호기심으로 사소하게 대하는 교만한 사람들을 보아도 같은 생각이 든다. 시인의 말에 귀를 기울여 보자.

"하나님을 경외하는 태도로 엎드려, 눈물로 땅을 적시고, 한숨을 지으며, 우리 자신의 잘못을 겸손하게 고백하고, 용서를 구하며, 마음속 깊이 뉘우치고, 진심으로 애통하며, 온유한 태도로 겸손하게 우리 자신을 내어놓는 것 외에 달리 무엇을 할 수 있겠는가?"

존 밀턴, 『실락원』, 제10권

묵·상·과·토·의·를·위·한·질·문
for Personal Reflection or Group Discussion

1. 윌버포스 당시나 오늘날이나 사람들이 죄의 심각성을 깨닫지 못하는 이유는 무엇일까?

2. 윌버포스가 죄에 관해 충분한 신학적 설명을 했다고 생각하는가? 이 문제에 관해 당신에게 도움을 주었던 책들은 어떤 것이 있는가? 요즈음 죄에 대한 의식이 날로 쇠퇴해 가고 있다 해도, 죄가 무엇인지 대충은 이해할 수 있을 것으로 안다. 사실, 하나님의 성령만이 우리에게 죄의 심각성을 진정으로 깨닫게 해주실 수 있다. 이에 관해 토의해 보라.

chapter 3

하나님과 그리스도인의 행위에 관한 잘못된 개념

대다수의 그리스도인들이 당연한 것으로 받아들이는 기독교 신앙의 몇 가지 중요 교리들이 있다. 이러한 교리들은 성경이 가르친 것이며, 교회를 세워 보존하게 하신 진리들이다. 아래와 같이 요약할 수 있을 것 같다.

성경의 확증은 유효하다

- "하나님이 세상을 이처럼 사랑하사 독생자를 주셨으니 이는 저를 믿는 자마다 멸망치 않고 영생을 얻게 하려 하심이니라" 요 3:16.
- 하나님의 아들이 자기를 비워 하늘의 영광을 버리고, 사람이 되셨다.
- "그는 멸시를 받아서 사람에게 싫어 버린 바 되었으며 간고를 많이

- 겪었으며 질고를 아는 자라" 사 53:3.
- "그가 찔림은 우리의 허물을 인함이요 그가 상함은 우리의 죄악을 인함이라" 사 53:5.
- "여호와께서는 우리 무리의 죄악을 그에게 담당시키셨도다" 사 53:6.
- "자기를 낮추시고 죽기까지 복종하셨으니 곧 십자가에 죽으심이라" 빌 2:8. 하나님의 아들이 이렇게 하신 목적은, 모든 사람들이 회개하고 참 신앙을 가지고 나와 영원한 생명을 얻도록 하기 위함이다.
- "그는 하나님 우편에 계신 자요 우리를 위하여 간구하시는 자시니라" 롬 8:34.
- 아들의 죽음으로 하나님과 화목하게 되었기 때문에, 우리는 "긍휼하심을 받고 때를 따라 돕는 은혜를 얻기 위하여 은혜의 보좌 앞에 담대히 나아갈 수 있다" 히 4:16.
- "하물며 너희 천부께서 구하는 자에게 성령을 주시지 않겠느냐" 눅 11:13.
- 우리 안에 성령이 거하셔야 한다. "누구든지 그리스도의 영이 없으면 그리스도의 사람이 아니라" 롬 8:9.
- 하나님의 역사하심으로 우리는 우리를 "창조하신 자의 형상을 좇아 지식에까지 새롭게 하심을" 골 3:10 받을 수 있으며, "의의 열매가 가득하여 하나님의 영광과 찬송이" 빌 1:11 될 수 있다.
- "우리로 하여금 빛 가운데서 성도의 기업의 부분을 얻기에 합당하게" 골 1:12 해주셨기 때문에, 우리는 주님 안에서 안식할 수 있으며 마지막 나팔이 울릴 때 이 썩을 것이 썩지 않을 것으로 옷 입게 될 것이다.

- 우리는 그분의 형상으로 마침내 온전하게 될 것이기 때문에, 하늘나라에 들어갈 수 있다.

아무리 관심이 없는 사람이라 해도 교회에 다니는 사람치고 이러한 진리를 모르는 사람은 없을 것이다. 이러한 진리들은 우리 안에 겸손한 마음과 죄를 혐오하는 마음을 불러일으킨다. 이러한 마음을 가지게 되면, 겸손한 소망, 굳센 믿음, 하늘의 기쁨, 열심 있는 사랑, 끊임없이 감사하는 삶의 태도를 지니게 된다.

죄에 대한 의식 없이 행동하는 것이 주된 문제이다

많은 그리스도인들의 신앙 생활 속에 결여된 것이 있다면, 그것은 죄를 심각하게 생각하지 않는다는 점이다. 이 문제는 앞장에서 말한 내용과 밀접한 관련이 있다.

"건강한 자에게는 의원이 쓸데없고 병든 자에게라야 쓸데 있느니라" 마 9:12. 우리가 삶 속에서 진정으로 우리 죄의 무게를 느끼며 그 무게로 인해 우리가 마침내 멸망하게 되리라는 생각을 갖게 된다면, 다음과 같은 초청의 말씀에 춤을 추며 기뻐하지 않을 수 없을 것이다. "수고하고 무거운 짐진 자들아 다 내게로 오라 내가 너희를 쉬게 하리라" 마 11:28. 하지만, 죄에 무감각한 사람들은 이러한 도움의 말씀을 믿는 척도 하지 않는다. 죄에 무감각하거나 도움이 필요하다는 의식이 없으면 구원의 은총이 지니고 있는 논리는 아무 의미가 없게 된다.

아무리 무관심하게 살아가는 사람이라 해도 많은 그리스도인들의 실생활과 정서를 교리에 진술되어 있는 신앙의 규범에 비추어 보면 많은 모순이 있는 것을 단번에 발견할 수 있다! 대부분의 그리스도인들에게 있어서 신앙과 일상 생활은 별개인 듯하다. 그들은 마치 신앙이 없는 사람처럼 일하며 세상의 헛된 허영을 좇는다.

좀더 진지한 삶을 살며 도덕적으로 올바르게 산다고 하는 사람들은 또 어떤가? 그들의 삶의 기준은 무엇인가? 그들의 마음은 진리로 가득하고 사랑이 넘쳐 다른 사람들에게 모범이 될 만한가? 그렇지 않다. 그들은 세상의 염려와 재리의 유혹에 빠져 방황한다. 셰익스피어는 이러한 인간의 본성을 잘 꿰뚫은 사람이다. 그는 이중적인 마음을 가진 사람들에 대해 다음과 같이 잘 묘사하였다.

> "모든 일에 정함이 없고 변덕스러우면서도, 자신들이 사랑하는 대상이 지니고 있는 형상을 지키려고 한다."
>
> 윌리엄 셰익스피어, 『십이야』Twelfth Night, 제2막 제4장(일리리아의 공작 오르시노의 말)

사람들은 신앙을 일반화시키기 좋아한다

"하지만, 그 사람들이 그렇게 이중적인 마음을 가진 사람들이라는 것을 어떻게 아시오? 당신은 사람들의 마음을 볼 수 있다는 말이오?"라고 물을지도 모르겠다. 그렇다면, 그 대답은 "마음에 가득한 것을 입으로 말함이라" 마 12:34는 예수님의 말씀에 있다.

그러한 사람들과 적당한 시간에 잠시 신앙적인 대화를 나누어 보기 바란다. 그들 대부분 신앙 문제를 일반화시켜 말한다. 그들은 마치 일반적인 법칙에 매몰되어 버린 사람 같아 보인다. 구체적인 말이나 결정적인 말을 절대 하지 않는다. 그들의 마음은 구체적인 문제를 전혀 생각지 않는다.

그들로 하여금 구체적인 문제를 말하게 하려고 해보았자 소용이 없다. 구원받은 신자라면 당연히 하나님에 관한 생각이 삶의 주제가 되어야 한다. 하지만, 아무리 그렇게 하게 하려고 노력을 기울여 보았자 별로 효과가 없다. 만일 이러한 문제에 관해 말하려 하면, 그들은 별로 환영하지 않는다. 오히려, 그러한 말을 하는 당신을 혐오스럽게 생각한다. 따라서, 모든 대화가 억지로 하는 형식적인 것이 되어 버리고 만다.

1. 기독교에 관한 잘못된 개념

그리스도에 대한 잘못된 이해

대화를 나누다 보면, 사람들이 우리 주님의 도덕적인 삶을 높이 칭송하는 것을 듣게 된다. 우리는 그분의 담백함, 친절하심, 오점 없는 순결한 삶, 죽음 앞에서 보여 주신 인내와 온유하심 등에 관해 말한다. 심지어 신앙이 거의 없는 사람들까지도 어쩔 수 없이 그분을 높이지 않을 수 없게 된다.

하지만, 우리는 예수 그리스도의 이런 자질들을 구체적인 것으로 생각하지 않는다. 오히려, 이것들을 우리와는 상관없는 사람이 행한 것인 양 추상화시켜 버린다. 우리는 우리 죄를 위해 자신을 죽음에 내어주시고, 지금은 하나님 우편에 앉아 우리를 위해 중보기도 하시는 그리스도의 사랑을 말한다. 하지만, 그분이 보여 주신 사랑, 친절, 자기 부인, 인내 등과 같은 것들을 추상화시킴으로써 우리 삶에 구체적으로 적용하지 않는다.

우리에게는 기도서와 예배서가 있기 때문에 그리스도에 관한 위대한 진리들을 잊을 염려는 없다. 강단에서 설교하는 설교자보다는 기도서와 예배서를 편찬한 사람들 덕분에 예배 드릴 때마다 그러한 진리들에 대해 어쩔 수 없이 한 번이라도 관심을 기울이게 된다.

우리는 교회력과 장소 및 그 주일의 종교 행사에 걸맞은 예배 의식을 잘 치른다. 하지만, 진정 생각해야 할 중요한 진리들에 대해서는 관심을 거의 기울이지 않는다. 마치 이러한 진리들을 조상들에게는 중요했지만 지금은 별로 중요하지 않게 된 고대의 전설처럼 생각해 버린다. 우리는 겉으로만 겸손하게 감사를 드리는 척하며 항상 똑같은 태도로 침착하게 그것들을 기계적으로 암송한다.

예배가 끝나면 다음 주일이 올 때까지 그것들은 우리의 생각에서 완전히 잊혀진다. 그리고, 그때가 되면 다시 겸손하게 감사를 드리는 척하며 새롭게 암송한다. 당신이 이와 같이 미지근한 신앙을 가지고 있다는 것을 인정한다면, 내가 이렇듯 노골적으로 비판하는 것에 대해 별로 불쾌하게 여기지 않으리라 생각한다. 마치 유니테리언교도들과 같이 복음의 독특한 진리를 부인하거나 폄하하는 사람들이 이러한 신앙 생활을 한다면 몰라도, 진실된 신앙 생활을 하는 사람들이 이같이 냉랭한 신앙 생활을 한다는 것은 그야말로 상상할 수 없는 일이다.

이름만 기독교 신자인 사람들은 그리스도의 사랑에 감동하지 않는다. 그리스도의 사랑에 감동하지 않는다면 그분에 대한 기쁨과 신뢰도 기대할 수 없다.

성령에 대한 잘못된 이해

많은 사람들이 성령의 역사를 무시한다

거룩하게 하시는 성령의 역사, 즉 성화 교리는 이보다 더욱 심한 취급을 당한다. 성령의 도움 없이 자신의 능력만으로는 거룩한 생활을 할 수 없다는 사실을 모르는 그리스도인들이 많다. 하나님의 도움을 받고 그 도움에 힘입어 거룩한 생활을 해 나가기 위해서는 매일 겸손하고 부지런하게 성령의 역사하심에 의지해야 한다. 하지만, 대부분의 신자들이 이렇게 할 줄을 모른다. 이들은 성화 교리에 대해 전혀 무지하기 때문에 과연 그것을 믿고 있기나 한가 하는 생각이 들 정도이다.

성령은 어떻게 활동하시는가? 사실, 성령의 역사를 확신할 수 있는 판단 기준은 없다. 자신에게 성령의 비범한 능력이 있는 척하는 사람들이 항상 있었다. 이들은 사람들의 우둔함을 이용한다. 하지만, 지혜로운 자는 그들의 속임수에 넘어가지 않는다. 점잖은 척했던 과거의 위선자들과 광신자들로부터 오늘의 종교 사기꾼들에 이르기까지 모두 똑같이 자신들이 마치 성령의 큰 능력을 소유한 듯, 근거 없는 주장이나 위선적인 말을 해왔다.

부정적으로 말하면, 성령의 교리는 사람들의 나태함을 조장하는 듯이 오해될 수도 있다. 성령께서 인간을 지혜롭게 하고 선하게 해주시는데 인간이 노력할 필요가 뭐가 있느냐는 생각을 하기 쉽다.

하지만, 부지런히 노력하고, 감정을 절제하며, 도덕적인 성품을 신장시켜 나가는 것이 참 지혜의 삶이라는 점을 명심해야 한다. 이렇게 사는 것이 분별력 있는 삶이다. 하나님은 우리가 이렇게 살기를 원하신다. 기질이나 감정은 타고나는 것이기 때문에 어떻게 할 수 없다는 식으로 합리화해서는 안 된다. 이것은 우리가 섬기는 하나님께 합당치 못한 생각일 뿐 아니라, 지각 있는 사람들이 기독교와 그리스도의 가르침을 의심하고 불신하게 만든다.

그리스도인의 행위에 대한 잘못된 개념

이와 같이, 많은 사람들이 참된 종교의 신성한 이름을 더럽혀 왔다. 광신도들, 피비린내 나는 박해자들, 자신의 유익만을 구하는 위선자들이 스스로를 그리스도인이라고 일컫는 것은 슬픈 현실이다. 미친 광신도들과 정신적으로 불안정한 열광분자들의 그릇된 허식과 무절제한 행위가 기독교의 교리와 진실을 더럽히고 남용해 왔다는 사실을 인정하지 않을 수 없다.

신앙에만 이 같은 남용이 있는 것은 아니다

창조주 하나님께서는 우리의 복지와 행복을 위해 재물과 권력을 사용하기를 바라셨다. 하지만, 우리는 종종 이것들을 잘못 사용함으로써 불행과 죽음을 자초한다. 예를 들어, 애국이라는 말로 자유를 말살한다. 사람들이 자유를 남용한다고 해서 그것을 없앨 수 없고, 용기, 애국심, 이성理性, 연설, 역사, 이 모든 것이 남용된다고 해서 이것들을 없앨 수 없듯이, 자기 유익을 구하는 사람들이 신앙을 왜곡시킨다고 해서 참 신앙까지 포기할 수는 없다.

올바르지 못한 열정 때문에 참 신앙이 해를 당한다

어떤 사람이 신앙적인 열정을 가지고 있다고 할 때, 신앙에 대한 그 사람의 애정이 타당한가를 확실히 판단할 수 있는 방법은 없다. 항상 사람들의 마음을 읽을 수도 없고, 그들의 참된 성품을 알기도 어렵다. 따라서, 거짓되고 위선적인 사람들의 허식에 속아넘어가기 쉽다.

물론, 거짓되고 위선적인 사람들이 있다고 해서 모든 것이 다 거짓되고 위선적이라고 결론을 내려서는 안 된다. 세상에는 지혜롭고 정직한 사람도 있기 때문이다. 어쨌든, 그리스도의 교회 안에는 이러한 협잡꾼들이 반드시 존재한다. 우리는 이러한 사람들을 볼 때마다 놀라고 분개하게 된다. 그리스도께서도 이러한 사실을 미리 내다보시고 비유로 가르치셨다. "주여 밭에 좋은 씨를 심지 아니하였나이까 그러면 가라지가 어디서 생겼나이까"마 13:27. 예수님은 이 문제에 대해 역시 같은 비유로 다음과 같이 대답하셨다. "원수가 이렇게 하였구나"28절.

위선은 혐오스러운 것이다. 열정도 신중하게 경계하지 않으면 해롭다. 기독교를 망치고 흐려 놓는 사람들을 보고서 기독교를 폄하하는 섣부른 판단을 내릴 수도 있다. 다시 말해서, 가라지가 난 것을 보고 과장된 결론을 내릴 가능성이 있다.

교육을 받지 못한 사람들이 자신들의 신앙적인 견해를 세련되게 표현하지 못하는 것은 당연하다. 교양과 학식을 갖춘 사람들이 그들의 통속적인 표현 방식이나 태도를 보고 충격을 받지 않기는 어렵다. 따라서, 기독교 전체에 대한 섣부른 결론이 내려질 수 있다. 이 기회에 이와 같은 판단을 시정하도록 노력해야 한다. 따라서, 교육받지 못한 그리스도인들이 단순하고 소박한 표현을 사용한다 해도, 그것이 바르고 건전한 생각이라면 기꺼이 인정하고 받아들일 줄 아는 법을 배워야 할 것이다.

헬라인은 학식 있고 문명화된 사람들이었다. 바울 사도는 그러한 사람들에게 복음을 전하면서 "말의 지혜로 하지 않겠다"고 했다고전 1:17. 바울 사도는 이렇게 하지 않기 위해 신중한 주의를 기울였다. 만일 그가 이렇게 하지 않았더라면, 그의 성공이 성경의 교리와 하나님의 능력 때문이 아니라 세련된 말솜씨 때문이었던 것처럼 보이게 되었을 것이다.

오늘날에는 바울 당시와 같은 성령의 놀라운 역사와 이적이 더 이상 나타나지 않는다ㅡ따라서, 성경을 연구하고, 준비하며, 그리스도인의 품성을 함양하는 것이 필요하다. 이러한 준비를 통해 사람들은 성경 교사의 자격을 구비해 왔다. (여기에서 저자는 당시 서인도제도의 모라비아 상인들이 확고부동한 태도로 노예 매매를 반대했던 사실을 염두에 두고 있다. 노예 매매에 관해 영국 추밀원에 제출된 보고서 안에 모라비아교도들의 증언이 실려 있다.)

이러한 그리스도인들은 그리스도의 사랑을 증거하는 일에 있어서 누구보다도 뛰어난 일들을 해왔다. 그들만큼 확고하고 명료하게 그리스도의 사랑을 증거한 사람은 없다. 그들은 능동적으로, 열심을 가지고 인내하며 하나님을 섬겨 왔다. 그들은 뜨거운 열정을 지녔음에도 불구하고, 신중하고 온유했다. 그들은 어떤 위험에도 굴하지 않는 용기와 어떤 역경에도 꺾이지 않는 일관된 정신을 가지고, 적절한 방법을 통해 점진적으로 위대한 목적을 달성코자 하는 참된 열정을 지니고 있었다.

2. 종교적 감정의 타당성

구주이신 예수님을 감정의 대상으로 삼는 것은 예배와 신앙의 가치와 품격을 떨어뜨리는 것이라고 비판하는 사람들이 있다. 이들에 따르면, 우리는 참된 예배를 일련의 감정으로 대체하고 있다는 것이다. 우리는 이 문제에 관해 진지하게 생각해 보아야 한다.

만일 이것이 옳은 비판이라면, 우리의 예배는 로마서 12:1이 말씀하고 있는 대로 의심할 여지없이 '합리적인 예배'(한글 개역 성경이나 다른 번역 성경에는 '영적 예배'라고 되어 있음-역자 주)가 되어야 할 것이다. 그렇다면, 과연 종교적 감정은 그 자체로 비합리적인 것이며 참된 신앙에는 필요하지 않은 것인가? 하지만, 종교적 감정이 비합리적인 본질을 가지고 있다고 입증하기는 어렵다.

그러므로, 이 같은 비판을 하는 사람들이 있다고 해서 신앙에 감정이 개입되어서는 절대로 안 된다는 식으로 생각해서는 안 되며, 구주이신 예수님은 감정의 대상이 될 수 없다는 식으로 받아들여서도 안 될 것 같다.

종교적 감정이 배제되어야 한다는 견해

참 신앙에는 감정이 개입되지 않아야 한다고 생각하는 사람들이 많은 것 같다. 이들은 감정을 광적인 열정과 같은 것으로 생각한다. 사람들은 종종 용어를 잘못 적용하는 우를 범한다. 사람들은 신앙이 따뜻하고 사랑이 넘치는 것이라기보다는 '이성적인' 것이 되어야 한다고 생각한다. 이러한 생각을 너무 성급히 수용해서는 안 된다. 만일 나의 생각이 잘못되지 않았다면, 그런 생각은 오히려 심각한 오해에서 비롯된 것이며 잘못된 생각이라고 단언할 수 있다.

감정이란 인간에게 없어서는 안 되는 요소이다. 따라서, 기독교에서 감정을 배제하자고 주장하는 것은 어처구니없는 일이다. 우리의 본성에 속하는 감정을 없애려 하고 정죄하는 행위는 억지가 아닐 수 없다.

창조주 하나님은 그 완전하신 지혜로 인간을 창조하셨다. 우리의 몸에 있는 각 신체 기관은 아무런 이유 없이 만들어진 것이 아니다. 각각 분명한 목적을 갖고 있다. 마찬가지로, 하나님이 우리에게 감정을 주셨다면, 역시 분명한 목적이 있으셨기 때문이다. 감정이 이성과 양심의 힘을 거역하는 현상은 다만 인간의 본성이 타락했다는 여러 가지 슬픈 증거들 가운데 하나이다. 우리는 감정을 마땅히 이성과 양심의 힘에 복종시켜야 한다.

만일 특별 계시가 없었더라면, 이성이 나서서 종교의 기능을 대신하고자 했을 것이다. 다시 말해서, 그렇게 되었더라면 이성이 인간의 타락이 가져 온 온갖 악한 결과들을 바로잡는 역할을 했을 것이다. 하지만, 이미 경험해 온 바와 같이 인간의 지혜에서 나온 것들은 이러한 일을 할 수 없음을 우리는 잘 안다.

철학에는 두 부류가 있다. 하나는 감정이 모든 것임을 노골적으로 주장한다. 다른 하나는 감정을 무시하여 그것을 남김 없이 제거해야 한다고 주장한다. 전자는 마치 반역도들을 제압하지 못하는 약한 정부처럼 제멋대로 하기 원하는 감정에 굴복하는 듯한 태도라고 할 수 있겠고, 후자는 인간의 본성에 속한 것을 야만으로 몰아 철퇴를 가하는 듯한 태도라고 할 수 있겠다.

감정을 올바로 사용할 때, 참된 신앙 생활을 하게 된다

기독교는 감정을 그런 식으로 편의에 따라 생각하지 않는다. 기독교는 이와 같은 논리를 수용할 수 없다. 기독교는 인간의 본성에 있는 모든 요소들을 올바른 위치에 두고자 한다. 다시 말해서, 인간의 제諸요소가 각기 그 독립된 특성을 가지고 복종하며 제 역할을 하게끔 하는 것이 기독교가 추구하는 바이다. 기독교는 인간이 모든 기능을 완벽하게 발휘할 수 있는 전인적인 인간으로 회복하여 그 존재의 참된 목적을 이루게끔 한다. 인간의 모든 기능이 완벽한 조화를 이루며 온몸과 마음으로 하나님을 섬기고 영화롭게 하도록 만든다.

"내 아들아 네 마음을 내게 주며"잠 23:26. "너는 마음을 다하고 성품을 다하고 힘을 다하여 네 하나님 여호와를 사랑하라"신 6:5. 이처럼, 성경은 직접적으로 전인적인 헌신을 요구한다. 특히, 이러한 주장들은 우리의 마음을 요구한다.

성경의 어느 곳을 보더라도 하나님은 특히 우리의 마음을 요구하신다는 것을 알 수 있다. 하나님은 우리의 사랑, 열심, 감사, 기쁨, 소망, 신뢰 등을 요구하신다. 성육신하신 예수님도 이러한 종교적 감정을 보여 주셨다. 종교적 감정은 약점이 아니다. 오히려, 성경은 이러한 감정을 갖는 것이 우리의 의무이며, 하나님이 기뻐 받으시는 예배라고 말한다.

이와 관련된 성경 구절들은 매우 많기 때문에 인용하자면 끝도 없을 것이다. 각자 성경을 직접 살펴보기 바란다. 그러면, 올바른 대상을 향해 종교적 감정을 표현해야 한다고 적극적으로 추천하는 많은 구절들을 발견하게 될 것이다. 반대로, 성경은 차갑고 딱딱하며 감정이 없는 마음을 갖는 것이 범죄라고 말하고 있다. 성경은 하나님이 미지근한 마음을 혐오하고 미워하신다고 말한다. 하나님은 열심과 사랑을 내는 마음을 기뻐하신다. 하나님은 돌 같은 마음을 제하시고 그 대신 부드럽고 따뜻한 마음을 주시겠다고 약속하신다. 하나님이 은총을 주시고 마음을 새롭게 하실 때 이 같은 마음을 가질 수 있다.

바울은 사랑하는 사람들을 대신하여 다음과 같이 기도했다. "너희 사랑을 지식과 모든 총명으로 점점 더 풍성하게 하사"빌 1:9. 우리 안에 잠자고 있는 마음을 불일 듯 일으켜 뜨거운 마음으로 예배 드릴 것을 성경은 명하고 있다. 음악과 찬양을 더하는 것도 이와 같은 효과를 높일 수 있다.

성경에 기록되어 있는 신앙의 인물들을 보더라도, 그들은 모두 따뜻하고 열심 있고 사랑이 넘치는 사람들이었음을 발견하게 된다. 선하신 하나님을 믿을 때, 그들의 영혼은 불타 올랐고, 그들의 마음은 기쁨으로 넘쳐 났다. 그것은 말로는 표현할 수 없는 기쁨이었다. 그들은 온 마음으로 찬양하고, 감사와 기쁨과 찬양의 할렐루야를 외쳤다.

시편 기자는 하나님의 마음에 합한 자였다. 그는 그 누구보다도 자신의 종교적 감정을 생생하고 분명하게 표현했다. 그의 시편들은 이후 세대들에게 경건한 종교적 감정이 무엇인가를 여실히 보여 주었다. 노리지의 주교 조지 혼 박사는 시편을 주석하면서 다음과 같이 말했다. "시편에 표현되어 있는 언어는 하나님의 은혜의 보좌를 향해 교회가 대대로 드려야 할 찬양이 무엇인가를 분명하게 보여 준다." 조지 혼 박사도 시편 기자와 같이 뜨거운 종교적 감정을 느꼈음에 틀림없다.

하나님은 열심히 온 힘을 다해 그리스도인들을 박해했던 사울을 변화시켜 이방인의 사도로 세우셨다. 하나님은 그를 통해 인간을 변화시키는 은총의 힘을 보여 주셨다. 사울이 변하여 바울이 되었다고 해서 그가 가졌던 열심과 열정이 줄어들었는가? 아니면, 그의 열심과 열정이 올바른 대상을 찾게 된 것이었는가? 분명히 후자일 것이다. 바울 사도는 기독교를 박해했던 그 열심과 열정을 주님을 섬기는 데 바쳤다. 그의 열심은 한층 더 뜨겁게 불타 올랐다. 끊임없는 고난과 혹독한 어려움을 겪으면서도 그의 승리에 찬 기쁨과 열정은 조금도 줄어들지 않았다.

성경은 영화롭게 된 신자들이 드리는 예배는 차갑고 지성적인 예배가 될 수 없다고 말한다. 왜냐하면, 구원받은 신자들은 장차 "빛 가운데서 성도의 기업을 얻게 될" 존재들이기 때문이다골 1:12. 따라서, 신자가 드리는 예배는 마땅히 감사와 사랑이 넘치는 예배가 되어야 한다. 그래서, 이 땅에서 마음을 모두 합하여 영원한 찬양을 드리는 것이 신자가 취해야 할 마땅한 예배의 태도이다.

하지만, 겉으로 나타나는 감정적인 표현들을 종교적 감정이라고 속단해서는 안 된다

기질상 열정적인 사람이 있다. 이러한 사람들은 무엇에 쉽게 도취되고, 기쁨과 환희 또는 동물적인 열심을 갖게 된다. 따라서, 겉으로 드러나는 감정의 양태를 종교적 감정으로 혼동하지 않도록 주의해야 한다. 다른 사람들보다 상상력이나 열정이 뛰어난 사람들은 쉽게 자신의 감정을 표현할 수 있다. 우리는 이 같은 사실을 일상의 경험을 통해 잘 알 수 있다. 이러한 사람들은 마음에 아무런 감동을 받지 않아도 그 같은 감정을 표현할 수 있다. 배우들을 보면 알 수 있다.

악한 사람들도 이와 같은 열렬한 열정을 가질 수 있다. 반대로, 선한 사람이 그러한 감정을 가지고 있지 않을 수도 있다. 우리는 그와 같은 감정을 나타낼 수 있고, 때론 그 감정이 참된 것일 수도 있다. 하지만, 그것은 종교적 감정과는 다르다. 그와 같은 감정들이 종교적 감정의 참된 본질

에 속한다고 하기에는 거리가 멀다.

우리는 결혼 생활과 가정 생활을 통해 날마다 애정이 무엇인가를 배우게 된다. 애정의 감정이 피상적이고 일시적일 경우에는 곧 불친절한 감정이 느껴지게 마련이다.

하지만, 성경이 사랑이라고 말하는 열정은 깊은 감정이지 피상적인 감정이 아니다. 일시적인 감정이 아니라, 영원히 흔들리지 않는 확고한 감정이다. 성경적인 사랑은 항상 그 본질에서 우러나오는 실천을 통해 그 타당성을 입증한다. "사람이 나를 사랑하면 내 말을 지키리니"요 14:23. "하나님을 사랑하는 것은 이것이니 우리가 그의 계명들을 지키는 것이라"요일 5:3. 그러므로, 종교적 감정이 참된 것임을 알 수 있는 것은 그것이 하나님의 계명들을 지키는 결과를 가져오느냐 아니냐에 달려 있다.

우리의 사랑의 대상은 주님이시다

그러므로, 종교적 감정은 이성과 모순되지 않는다. 주님이 이러한 종교적 사랑의 대상이라는 사실을 증거하는 데에는 많은 말이 필요치 않다.

사랑, 감사, 기쁨, 소망, 신뢰와 같은 감정들은 모두 그 적절한 대상을 가진다. 대상이 전혀 뛰어난 점도 없고 그럴 만한 가치가 없는데 사랑의 감정을 가진다는 것은 비이성적이다. 감사할 만한 일이 전혀 없는데 감사한다거나, 기쁨을 느낄 이유가 전혀 없는데 기뻐한다거나, 아무 것도 기대할 것이 없는데 소망을 갖는다거나, 의지할 근거가 없는데 신뢰하는 것은 모두 합당하지 않은 일이다.

우리 구주께서는 "신성의 모든 충만이 육체로 거하시는"골 2:9 분이시다. 이러한 주님을 두고 원수들이 말하는 대로 "고운 모양도 없고 풍채도 없은즉 우리의 보기에 흠모할 만한 아름다운 것이 없도다"사 53:2라며, 그분을 사랑하지 않을 수 있겠는가?

구주께서는 "하나님과 동등됨을 취할 것으로 여기지 아니하시고" 우리를 위해 "오히려 자기를 비어 종의 형체를 가져 십자가에 죽기까지 복종하셨다"빌 2:6, 7, 8 참조. 이러한 주님께 감사 드리지 않을 수 있겠는가?

"우리를 흑암의 권세에서 건져내사" "빛 가운데서 성도의 기업의 부분을 얻기에 합당하게 하신"골 1:13, 12 구세주가 나셨는데, 어찌 기뻐할 이유가 없겠는가?

우리 안에 계신 그리스도는 "영광의 소망"골 1:27이시고, 우리는 "한 소망 안에서 부르심을 받았다"엡 4:4. 세상에 이러한 소망과 비교할 수 있는 다른 소망이 있을 수 있겠는가?

"예수 그리스도는 어제나 오늘이나 영원토록 동일하신"히 13:8 분이시다. 이분을 신뢰하지 않고 누구를 신뢰할 수 있겠는가? 이러한 구세주께 종교적 사랑을 드리는 것은 지극히 합당한 일이다.

하지만, 보이지 않는 하나님을 향해 이 같은 종교적 사랑을 전할 수 있는가?

어떤 사람들은 인간은 그 본질적인 유한성 때문에 보이지 않는 존재를 향해 감정 표현을 할 수 없다고 주장한다. 이는 유한한 인간이 오직 인간 상호간에만 대화와 의사 소통을 할 수 있다고 하는 주장이다.

성경도 어떤 면에서는 이 같은 입장을 전제하고 있는 것 같다. "보는 바 그 형제를 사랑치 아니하는 자가 보지 못하는 바 하나님을 사랑할 수가 없느니라"요일 4:20. 하지만, 성경은 동시에 하나님을 향해 종교적 감정을 표현하는 것을 매우 중요하고 진지한 관심을 기울여야 할 의무로 가르친다. 이 점을 잊어서는 안 된다.

앞에서 살펴본 대로 탁월함은 사랑의 대상이 된다. 소망의 대상이 되려면 그것이 바랄 수 있을 만큼 선한 것이어야 한다. 악을 두려워하는 것에서 두려움이 생긴다. 동료 인간들이 당하는 불행과 고난을 보면 동정하는 마음이 생겨난다. 혹자는 그 대상의 중대성에 비례하여 이러한 감정들이 표현된다고 생각한다. 하지만, 결코 그렇지 않다.

감정의 표현과 그 대상의 불일치

동정심의 경우를 생각해 보자. 우리는 수천 명이 학살되었다는 기사를 읽을 때보다 바로 옆 거리에서 발생한 충격적인 사건에 더 많은 감정을 나타낼 수 있다. 다른 감정의 경우에도 이와 비슷한 경우가 많다. 우리는 소설을 읽고 큰 감동을 받는다. 이는 단순한 허구적인 이야기도 우리의 감정에 큰 영향을 끼칠 수 있음을 보여 준다. 우리가 경험하는 대로, 대중적인 커다란 재해보다도 우리 자신에게 직접적으로 일어난 지극히 사소한 불행에 우리의 감정이 더 많이 영향을 받게 된다.

감정과 그 대상이 이와 같이 일치하지 않는 경우가 많고, 보이지 않는 하나님은 인간의 감정에 아무런 영향도 끼칠 수 없다고 주장해도, 성경은 성령의 사역을 통해 인간의 감정이 하나님을 향해 적절하게 표현될 수 있다고 가르친다.

성숙한 그리스도인들의 마음속에는 구세주를 향한 불타는 사랑이 있다―그들의 사랑은 피상적이거나 무의미한 것이 아니라, 항구적이고 이성적인 것이다. 그들의 사랑은 그 대상의 가치에 의해 강한 인상을 받았기 때문에 생겨난 것이다. 그들은 구세주를 마땅히 사랑해야 한다고 느끼며, 더욱더 강한 사랑의 의무를 갖는다. 그들은 이 사랑으로 더욱더 복종하는 삶을 살며, 고난을 이겨낸다.

우리는 16세기의 거룩한 순교자들에게서 이와 같은 고상한 사랑을 보게 된다. 그들의 글을 보면 그들이 얼마나 일관되게 그리스도를 생각하고 사랑했는지를 알 수 있다. 박해와 고난, 수욕과 경멸을 당했지만, 구세주를 향한 그들의 사랑에는 아무런 영향을 미치지 못했다. 오히려, 그러한 고난은 그들의 사랑의 대상이신 그리스도를 더욱더 사랑하게끔 만들었을 뿐이다. 강제로 그들의 사랑을 꺾어 놓을 수 없었다. 꺾어 놓기는커녕, 그럴수록 그들의 사랑은 그 모든 위급한 상황 속에서 한층 강렬하게 불타 올랐다.

3. 성령의 역사에 관한 잘못된 개념

많은 그리스도인들 가운데에는 하나님의 말씀을 의존하지 않고 자기들 마음대로 신앙 체계를 세우려는 경향이 팽배해 있다. 그 한 예로, 성령에 관한 교리를 무시하는 현상을 들 수 있다.

성령이 우리 안에서 역사하신다는 성경의 증거

성경은 성령이 우리 안에서 역사하신다고 가르친다. 우리는 이러한 가르침 속에서 우리가 생각하는 것과는 다른 사실을 발견할 수 있다. 성경은 '우리 스스로는 아무 것도 할 수 없다.'고 가르친다요 15:5. 아울러, '우리는 본질상 진노의 자녀'로서 악한 영의 권세 아래 놓여 있다고 가르친다엡 2:3. 따라서, 우리의 분별력은 자연히 어두울 수밖에 없고, 우리의 마음은 영적인 일들과 멀 수밖에 없다.

성경은 성령께서 우리의 마음을 밝혀 주시고, 우리의 편견을 몰아내시며, 우리의 오염된 생각을 깨끗하게 하시고, 하늘에 계신 아버지의 형상을 좇아 우리를 새롭게 해주시도록 기도하라고 권고한다. 하나님의 성령은 우리를 잠에서 깨우는 능력을 가지고 계신다. 하나님의 성령은 어둠 속에 있는 우리를 비추시고, "죽은 자를 살리시며"롬 4:17, "우리를 흑암의 권세에서 건져내시고"골 1:13, 하나님께로 인도하시며, 그분의 사랑하는 아들의 나라로 옮기신다. 아울러, 성령은 "그리스도 예수 안에서 선한 일을 위하여"엡 2:10 우리를 지으시는 분이시며, 우리 안에 거하시고, 우리와 함께 동행하신다.

그러므로 우리는 "옛 사람과 그 행위를 벗어버리고 우리를 창조하신 자의 형상을 좇아 지식에까지 새롭게 하심을 받은 새 사람을 입어야 한다"골 3:9, 10 참조. 우리는 '성령이 거하시는 처소'엡 2:22로 일컬어지는 사람들이다.

하나님의 말씀은 성령에 대해 이러한 사실들을 거듭 분명하게 구체적으로 가르친다. 따라서, 성경의 권위를 인정하는 한, 이 점에 대해서 다른 의견을 주장할 수 있는 여지는 거의 없다. 유명한 성공회 반대주의자였던 필립 도드리지1702-1751 박사조차도 회개와 믿음은 신적神的 임재의 결과라는 사실에 동의했다. 어떤 사람들은 회개와 믿음을 구분한다. 그러나 이러한 경험들이 성령의 역사에 의한 것이라는 데에는 이의를 제기하지 않는다.

그리스도인의 품성 가운데 나타나는 모든 선한 열매-즉 하나님과 인간에 대한 선한 성품들-역시 성령의 역사하심 없이는 불가능하다는 것이 성경의 가르침이다. 성경은 이 모든 선한 성품들을 가리켜 "성령의 열매"갈 5:22라고 부른다.

이외의 다른 성경 구절들도 성령은 선한 행위와 품성이 나타나도록 돕는 자라고 증거한다. 우리는 성경에서 성령을 거두시겠다고 경고하는 말씀을 대하게 된다. 성경에 따르면, 하나님이 분노하셨을 때 인간의 죄를 징계하기 위한 극단적인 수단으로 성령을 거두신다고 한다. 이러한 내용들 역시 성령이 모든 선한 삶과 성품의 근원이심을 보여준다.

4. 하나님의 영접하심에 관한 잘못된 개념

성경의 명백한 가르침과 교회가 제정한 의식을 받아들이지 않고, 참 기독교가 지니는 성경적인 권위를 거부할 수 있다. 하지만, 실상에 애써 눈을 감으려고 하지 말자. 성령은 하나님과 믿음으로 화목하게 하는 첫 열매이자, 구세주의 죽음으로 값 주고 산 것이며, 참 제자들에게 주시는 가장 좋은 은사이다-우리는 성령의 거룩하게 하시는 사역을 경시하고 있다. 아울러, 예수 그리스도를 불확실하게 잘못 이해하고 있으며, 그분을 향한 우리의 사랑 또한 미지근하고 흐리멍덩하다. 멸망에서 구원받은 것을 과분하게 생각하고 영원한 기업에 감사함으로 참여하는 사람들과 우리 자신을 비교해 볼 때, 하나님께 대한 우리의 사랑은 얼마나 보잘것없는지 모른다.

성경적인 신앙의 기초를 잘 살펴보자

따라서, 우리는 신앙의 기초가 무엇인지 면밀히 검토해 볼 필요가 있다. 만일 기초가 부실하고 텅 비어 있다면 그 위에 세운 모든 것이 안전할 수 없다. 이러한 점에서 하나님이 죄인을 영접하는 수단이 무엇인가를 분명히 아는 것은 매우 중요하다고 하겠다. 하지만, 사람들은 과연 이 중대한 문제를 어떻게 생각하고 있는가? 혹시, 피상적으로나 잘못 생각하고 있지는 않은가? 심지어 위험한 생각을 하고 있지는 않은가?

성경은 예수님이 "친히 나무에 달려 그 몸으로 우리 죄를 담당하셨다" 벧전 2:24고 말한다. 이 말씀이 지니는 의미를 분명하게 이해하지 못하고 형식적으로 받아들일 경우 장차 예기치 못한 심판을 당할 수 있음을 두려워할 줄 알아야 한다. 하나님의 자비가 아무런 대가 없이 거저 주어졌다는 막연하고 일반적인 설명에 영원한 희망을 두려는 사람들이 많은 것 같다.

이보다 더욱 위험하고 잘못된 생각은 자신의 공로에 의해 구원을 받을 수 있다는 생각이다. 이들은 자신들의 삶을 객관적인 눈으로 평가한다. 그리고 자신은 사회에 아무런 악도 끼치지 않음에 자축한다. 그들은 자신들이 중대한 범죄를 저지른 적이 없다는 사실에서 안도감을 얻는다. 물론, 때로 자신들이 부지중에 죄를 저지를 수도 있다는 점을 인정하기도 한다. 하지만, 결코 습관적으로 범죄에 빠지지 않았다고 주장한다. 심지어, 습관적으로 범죄를 저지를 경우라 해도, 선한 행동과 악한 행동을 저울질해 볼 때 선한 행동이 더 많았다는 점에서 안위를 얻으려 하고, 인간의 연약함을 너그럽게 인정해 주어야 한다고 주장한다.

사람들은 이런 식으로 생각하면 구원에 대한 우려감을 충분히 해결할 수 있다고 믿는 것 같다. 간혹 구원의 문제를 진지하게 생각해 볼 마음이 드는 순간이나, 혹시 자신들이 구원받지 못하면 어떡하나 하는 생각이 들 때, 이런 식의 생각을 통해 그 심각성을 애써 무마시키려 한다. 또한, 가끔씩 일상적인 자기 만족감에서 벗어나는 순간에는 하나님의 은혜와 긍휼은 무한하므로 괜찮을 것이라는 식으로 자위하기도 한다.

이러한 사람들은 구원자이신 예수 그리스도를 포기하지도 않고, 그렇다고 자신을 의지하는 것을 포기하고 그분의 죽음이 가져 온 구원의 은총을 선뜻 받아들이려고도 하지 않는다. 이들은 예수 그리스도의 이름으로 기도를 드린다. 이것은 습관에서 오는 것이거나, 주변에서 모두 그렇게 하니까 나도 그렇게 한다는 식이거나, 둘 중에 하나다. 그들의 이 같은 태도는 철학자 소크라테스가 죽어 가면서 의약의 신 아스클레피우스에게 관습적인 예를 갖추라고 명령했던 것과 같이 지극히 형식적이고 애매 모호한 태도라 할 수 있다.[1]

어떤 사람들은 이보다는 좀 낫다고 할 수 있다. (그리스도로 말미암은 구원의 교리를 노골적으로 부인하는 사람들로부터 진심으로 그것을 받아들이는 사람들에 이르기까지 구원에 대한 사람들의 생각은 매우 다양하다.) 이 사람들은 구원자이신 그리스도를 의지하기는 하되, 이것이 구체적으로 무엇을 의미하는지 알지 못한다. 다시 말해서, 이들의 구원 신앙은 막연하고 일반적이다. 이들이 구원에 대해 가지는 생각을 가만히 들어보면 궁극적으로 다음과 같은 생각을 하고 있음을 알 수 있다.

---

1. 소크라테스는 말했다. "크리토, 우리는 아스클레피우스에게 닭 한 마리를 빚졌다네. 그러니 이것을 잊지 말고 갚아 주었으면 하네." 이것은 질병에 걸렸다가 낫게 되는 경우 의약의 신에게 감사의 제물을 바쳤던 관습을 말한다. 당시, 소크라테스는 독주를 마시고 자살을 할 찰나에 있었다.

즉, 이들은 그리스도를 통해 자신들이 새 세대의 반열에 속하게 되었다고 믿는다. 이러한 생각에는 아무 문제가 없다. 하지만, 자신들은 신앙을 가지고 있기 때문에 죄를 지어도 신앙이 없을 때보다는 좀더 가벼운 처벌을 받게 된다고 생각하는 데 문제가 있다.

이런 식으로 생각하는 사람들은 다음과 같이 주장한다. "하나님은 우리가 저지르는 잘못을 엄하게 징계하지 않습니다. 하나님은 율법의 엄격한 규정을 모두 폐하실 것입니다 – 율법은 우리같이 연약한 피조물에게는 너무 가혹하여 지킬 수 없습니다. 신앙을 가지는 한 하나님의 공의가 요구하는 것이 그렇게 엄격하게 적용되지 않습니다. 그러므로, 우리는 다만 그리스도의 공로만을 감사함으로 의지하면 됩니다. 이렇게 할 때, 우리는 죄를 용서받고, 비록 불완전한 복종을 한다 해도 하나님의 영접을 받게 됩니다.

우리의 본성은 지극히 연약하기 때문에 삶에 있어서도 역시 연약한 인생을 살아갈 수밖에 없습니다. 하나님은 우리의 연약함을 엄하게 징계하지 않으실 것입니다. 물론, 삶이 우리의 인간됨을 규정하는 것은 사실입니다. 하지만, 우리의 삶이 전체적으로 볼 때 대체로 선하다면 하나님의 징계를 피하게 될 것이라고 확신해도 괜찮을 것 같습니다. 우리는 주 예수 그리스도를 통해 하늘나라의 지복至福을 누리게 될 것입니다."

인간의 마음속을 들여다볼 수는 없다. 따라서, 겉으로 보이는 것만을 가지고 마음속에 있는 모든 것을 판단하려고 할 때는 신중을 기해야 한다. 하지만, 위와 같은 말을 하는 사람들의 마음속에는 어떤 생각이 있는지에 대해 아는 것은 그렇게 어렵지 않다. 이 사람들은 사실상 그리스도의 공로를 의지하는 것이 아니라, 그들 자신의 능력을 의지한다.

다시 말해서, 하나님의 공의의 원칙을 신앙이라는 이름으로 희석시킨 다음 그것을 인간의 힘으로 이룸으로써 구원을 받을 수 있다는 것이 그들의 생각이다. 생각이 있는 사람이면 누구나 이들이 죄의 심각성을 축소시키려는 성향을 가지고 있음을 쉽게 이해할 수 있을 것이다. 이들은 한편으로는 자신들이 하나님의 율법을 온전히 지킬 수 없다고 변명하면서도, 다른 한편으로는 인간의 선한 성품과 행위로 인한 공로를 강조한다.

이들은 '너희 자신을 하나님의 의에 복종시켜라.'는 성경의 요구가 얼마나 중요하고 어려운가에 대해 사실상 아무 것도 모르고 있다. 이들은 우리 인간이 하나님 앞에서 무력한 죄인임을 인정하기보다는 오히려 스스로를 정당화하려는 경향을 가지고 있음을 간과하고 있다. 따라서, 이들은 인간의 공로와 능력을 완전히 포기하지 못하는 것이다.

그러므로, 스스로의 공로와 능력을 의지하는 사람은 인간이 얼마나 교만한 본성을 가지고 있는가를 보지 못한다. 이 모든 것은 기독교의 근본원리에 관해 잘못된 개념을 가지는 데서 비롯된다. 이들은 기독교가 '우리가 아직 죄인 되었을 때에 그리스도께서 우리를 위해 죽으심으로써 죄인인 우리가 의롭다 함을 받았다.'는 진리 위에 기초해 있다는 사실을 알지 못한다롬 5:8 참조.

5. 잘못된 생각에서 비롯된 실제적인 결과

이러한 잘못된 생각에서 어떤 결과가 나올지는 뻔한 일이다. 이들은 인간이 얼마나 비참한 죄인인가를 의식하지 못하고 있기 때문에, 자연히 그리스도의 공로와 중보 사역에 대해 깊은 감사의 마음을 갖지 못하기 마련이다. 즉 이 같은 생각을 갖는 한, 우리가 하나님과 화목하게 된 것은 전적으로 그리스도의 공로에 근거한다는 사실을 실감 있게 받아들일 수 없다.

이 같은 생각을 하는 사람들에게서 구원에 대한 진정한 감사를 기대할 수 없다. 그들은 인간의 구원은 처음부터 끝까지 하나님의 의지와 능력에 달려 있다는 사실을 간과하고, 스스로 구원을 이루려고 한다. 마치 하나님과 자신들과의 관계를 두 계약 당사자처럼 생각한다. 이것은 계약 당사자들이 각기 서로 독립하여 자신의 일을 하면 된다는 식의 계약이다. 다른 말로 하면, 사람은 사람의 의무를 행하면 되고, 하나님은 그리스도의 공로로 사람을 의롭다 하고 영접하시면 그만이라는 식이다. 따라서, 이들은 단지 도덕적인 문제에 관해서만 관심을 쏟을 뿐, 간절한 마음으로 구원자이신 그리스도를 부르지도 않고 그분의 고난과 사랑에 관해 자세히 가르치지도 않는다.

자신은 죄의 습관 속에서 살고 있고, 하나님의 진노 아래 놓여 있다고 생각하는 사람에게 이들은 먼저 그 행위를 바르게 하여 그리스도께 나아 올 준비를 하라고 가르친다. 이들은 구원의 문제를 상의하러 온 사람에게 십자가 밑에 엎드려 죄를 자복하면 용서를 받게 되고 적절한 때에 하나님의 은총을 얻게 될 것이라고 권고하지 않는다.

무엇보다도, 내면의 상태와 생각하는 마음이 중요하다. 구원의 진리를 올바로 알지 못하는 이런 사람들이 생각을 달리하여 하나님을 의지함으로써 용서를 받아 거룩한 삶을 살아가게 되기를 바라 마지않는다.

우리가 그리스도께 뜨거운 사랑과 감사를 드리지 못하는 것은 바로 위에서 말해 온 것과 같은 생각을 하고 있기 때문인 것 같다. 성령의 도움이 절대적으로 필요하고 또한 중요함을 절실하게 인식하지 못하는 것도 그 같은 생각을 갖고 있기 때문이다.

사람이 자신은 스스로를 구원할 수 없는 죄인임을 깨닫지 못하는 한 그리스도를 진정으로 사랑할 수 없다. 따라서, 그리스도를 사랑하고 초대 그리스도인들처럼 그분 안에서 승리의 기쁨을 누리고자 한다면, 먼저 그들처럼 그분을 전적으로 신뢰하는 법을 배워야 한다. 바울 사도와 같이, "내게는 우리 주 예수 그리스도의 십자가 외에 결코 자랑할 것이 없으니"갈 6:14, "예수는 하나님께로서 나와서 우리에게 지혜와 의로움과 거룩함과 구속함이 되셨으니"고전 1:30라고 외쳐야 한다.

지금까지 보면, 은혜로 말미암는 구원의 교리를 남용함으로써 영원한 멸망의 길로 향하는 사람들이 많이 있었다. 하지만, 이와는 정반대의 극단으로 나가는 사람들도 많다는 사실을 잊어서는 안 된다. 오늘날에는 특히 이러한 오류에 맞서 경각심을 가지는 것이 필요하다.

그리스도만이 우리로 하여금 하나님 앞에 설 수 있게 하는 유일한 공로이다. 따라서, 우리는 그분을 의지해야 한다. 단순히 형식상으로나 말만으로 의지한다고 해서는 안 된다. 그리스도의 공로를 실제적인 것으로 진실하게 받아들여야 한다. 막연하게 의지해서는 안 되고, 조건을 만들어 그분의 공로를 제한하려고 해서도 안 되며, 부분적으로만 인정해도 안 된다. 온 마음으로, 직접적으로, 전적으로 그분을 의지해야 한다.

"하나님께 대한 회개와 우리 주 예수 그리스도께 대한 믿음"행 20:21이 사도들이 가르친 모든 것이었다. 사도들은 인간 예수를 믿은 것이 아니었다. 그들은 구원자이신 예수 그리스도를 믿었다. 일시적으로 그리스도의 권위를 인정하는 것이 필요할 때만 예수라는 이름에 그리스도라는 이름을 덧붙인 것이 아니었다. 그들은 예수님을 항상 전적으로 구원자 '그리스도로 믿고' 의지했으며, 또한 그렇게 가르쳤다. 이러한 일은 결코 쉬운 일이 아니다. 따라서, 우리는 예수님 당시 그분을 진지하게 믿고 의지했던 한 아버지처럼 "내가 믿나이다 나의 믿음 없는 것을 도와주소서"막 9:24라고 부르짖어야 한다.

우리 각자는 스스로에게 다음과 같은 질문을 진지하게 던져 보아야 한다. 나는 과연 그리스도만을 피난처로 삼고 있는가? 그분만을 바라보며, 그분만이 유일한 위로의 근원이시라고 믿고 있는가? 고린도전서 3:11은 "이 닦아 둔 것 외에 능히 다른 터를 닦아 둘 자가 없으니"라고 말한다. 그리스도 외에 의지할 수 있는 다른 것이 없으며, 그리스도 외에 용서를 구할 수 있는 다른 것이 있지 않다. 오직 그리스도만이 최대의 희망이다.

그러므로, 구원자이신 그리스도가 필요하다는 절대 확신을 가져야 하며, 그분의 중보 사역만이 우리를 구원으로 인도한다는 사실을 힘써 믿어야 한다. 겸손히 하나님의 보좌 앞에 무릎을 꿇자. 그리고, 그분의 사랑하는 아들의 이름으로 용서와 긍휼을 간절히 구하자. 참된 회개의 마음과 오직 한 마음으로 그리스도만을 뜨겁게 믿을 수 있는 마음을 주시기를 간구 드리자.

진지하고 진실한 믿음을 갖게 될 때까지, 그래서 '그리스도를 믿는 보배로운 신자'가 될 때까지 만족하지 말고 매진하자. 날마다 주님을 더욱 뜨겁게 사랑하도록 애쓰자. '소망의 하나님이 모든 기쁨과 평강을 믿음 안에서 우리에게 충만케 하사 성령의 능력으로 소망이 넘치게 하시도록' 열심히 기도 드리자롬 15:13.

그리스도를 사랑하는 마음을 가꾸어 나가게 하기 위해 주어진 성경의 가르침을 힘써 실행에 옮기자. 그리스도를 아는 지식을 넓혀 감으로써 그분에 대한 우리의 사랑이 감정적으로나 일시적인 기분에 좌우되지 않도록 하자. 구세주이신 그리스도의 삶과 그분의 죽으심을 깊이 묵상할 때 우리는 흔들리지 않는 믿음으로 그분을 사랑하게 된다.

그리스도께서 우리를 어떤 상황에서 구원하시려고 애쓰셨던가를 자주 생각하며, 하늘나라의 영광을 바라보자. 그리고, 날마다 기도로 그분과 교제를 나누자. 어려움에 처했을 때는 그리스도를 굳게 의지하고 흔들리지 말며, 삶이 평안할 때에는 소망 속에서 기뻐하자. 그리스도를 늘 마음속에 간직하고, 그분에 대해 보다 분명하고 살아 있는 지식을 갖도록 하자.

우리는 그분의 이름을 따라 그리스도인이라고 불린다. 이런 우리가 그분에게 등을 돌리면 그 이름을 모욕하는 것과 같다. 예수라는 이름이 이슬람교도들의 알라와 같은 것이 되어서는 안 된다. 또한, 그 이름이 뭔가 신비하고 이해할 수 없는 세력으로부터 인간을 보호해 줄 것이라고 믿는 부적과 같은 것이 되어서도 안 된다.

우리는 예수라는 이름을 우리 마음속에 깊이 새겨야 한다. 예수라는 이름은 하나님의 손가락으로 우리 마음속에 쓰여져야 하며, 우리의 성품 속에 영원히 살아 있어야 한다. 그 이름은 우리에게 평화와 미래의 영광을 가져다줄 이름이라는 것을 믿어 의심치 말아야 한다. 예수라는 이름이 장차 우리를 하늘나라로 인도하게 될 것이라는 확신을 가질 때, 이 세상의 모든 고통과 슬픔이 가볍게 느껴지게 될 것이다.

예수라는 이름을 의지할 때 우리는 행복을 누리게 된다. 그러한 순간, 우리는 하늘나라에 있는 듯한 충만한 기쁨을 얻게 된다. 비록 몸은 세상에 있지만, 하늘나라에 있는 것처럼 호산나를 부를 수 있게 된다. "죽임을 당하신 어린양이 능력과 부와 지혜와 힘과 존귀와 영광과 찬송을 받으시기에 합당하도다"계 5:12. "보좌에 앉으신 이와 어린양에게 찬송과 존귀와 영광과 능력을 세세토록 돌릴지어다"계 5:13.

묵·상·과·토·의·를·위·한·질·문
for Personal Reflection or Group Discussion

1. '삶의 실천이 수반되는 신앙' 과 이름뿐인 신앙은 어떻게 다른가?

2. 하나님께 항복한다는 것은 무슨 의미인가?

3. 윌버포스는 클래펌 협회의 다른 사람들과는 매우 다른 성격을 지닌 인물이었다. 하지만, 이러한 성격상의 차이는 부차적인 문제였다. 그에게는 서로가 같은 기독교 신앙을 가졌다는 것이 가장 우선적이고 중요한 일이었다. 그는 교파의 차이에도 관심을 두지 않았다. 리처드 백스터나 C. S. 루이스처럼 '단지 그리스도인' 이라는 것에 만족했다. 이러한 태도에 대해 어떻게 생각하는가?

4. 윌버포스가 생각하는 참된 그리스도인의 표징은 무엇인가?

chapter 4

기독교의 본질과
도덕적 규범에 관한 잘못된 개념

사람들은 대개 기독교의 진리를 일반적으로 인정하기만 하면 불만을 가질 아무런 이유가 없다고 생각한다. 신앙이 구체적으로 요구하는 것이 무엇인가를 이해하지 못하거나 관심을 갖지 않아도 그 사람을 신자로 인정해 버린다. 그저 악한 행위만 하지 않으면, 그리스도인이라는 이름과 특권을 누리기에 합당한 사람이라고 생각한다. 형식상으로 기독교의 진리에 동의하고, 어느 정도 도덕적이기만 하면 된다는 식이다. 하지만, 이런 경우 그리스도인이라는 이름은 사실상 지극히 형식적인 것이 되어 버린다. 결국, 그리스도인이 된다는 것은 이슬람교도나 힌두교도가 되는 것과 아무런 차이도 없게 된다.

참된 교리에 대한 무관심

그리스도인들 가운데 교리에 대해 아예 무관심한 사람들이 많다. 이러한 사람들은 기독교가 설사 거짓으로 밝혀진다 해도 별로 놀라지 않을 것이다. 왜냐하면, 이들은 기독교 교리가 무엇을 말하고 있는지에 대해 본래부터 아무런 관심도 없었기 때문이다. 그들은 교리에 따라 행위나 사고가 바뀔 사람들이 전혀 아니다. 비록, 기독교 교리가 허구적인 것으로 밝혀진다 해도 이들에게 있어서는 단지 몇 가지 사변적인 생각들만 바뀔 뿐 그 외의 별다른 변화는 일어나지 않을 것이다.

이런 사람들은 종교가 대중에게 좋은 영향을 끼침을 보고 예배에 참석하는 것이 좋겠다고 생각하는 사람들이다. 말하자면, 그저 때때로 뭔가 좋은 이야기가 듣고 싶고 모범적인 사례가 듣고 싶어 교회에 다니는 사람들이다. 그들이 악을 저지르지 않는 것은 단지 그들 자신의 인격과 건강, 가정과 사회 생활에 있어서의 행복 등에 관심을 기울이기 때문이지, 다른 이유는 없다. 이들은 사회적인 지위나 직업을 위해 여러 가지 의무를 이행할 뿐이다. 신앙 생활을 하지만, 그저 상담과 조언을 얻기 위해, 또는 행위의 도덕적 규범을 지키고 마음의 평화와 소망과 위로를 얻기 위한 목적 이외에 다른 것은 없다.

그렇다면, 기독교만이 가지고 있는 특성이 있는가?

위와 같은 말들을 길게 늘어놓을 필요는 없다. 사실, 불신자들의 삶을 보는 것으로 족하다. 불신자들이나 이름뿐인 그리스도인들을 비교해 보면, 그들의 행위와 사고에 아무런 차이가 없음을 금방 발견하게 된다. 그 둘을 자세히 비교해 보아도 결과는 마찬가지이다.

만일 이러한 경우라면, 기독교가 지니는 독특한 특성과 우월성을 과연 인정할 수 있는가? 다른 도덕 체계와 비교할 때 기독교가 가장 탁월하다고 할 수 있는가? 기독교를 인정하는 사람들은 기독교야말로 가장 탁월한 종교라고 칭찬한다. 기독교를 인정하지 않는 사람들도 자기도 모르게 기독교는 우수한 종교라고 인정한다. 하지만, 기독교를 믿는 사람이나 믿지 않는 사람이나 별다른 차이가 없다면, 기독교를 우수한 종교라고 할 수 있는가?

아는 바와 같이, 하나님의 아들이 직접 이 땅에 오셔서 가르침을 베푸셨고, 모범을 보이심으로써 기독교가 생겨나게 되었다. 따라서, 기독교가 별다른 특성을 가지고 있지 않다면, 그것은 곧 하나님의 아들이 특별나지 않았다는 증거가 된다. 그분이 남기신 발자취를 따른다는 것이 아무 것도 아닌 것이 되어 버린다. 이런 것 때문에 사도들이 자원하여 배고픔과 헐벗음과 고통과 수욕을 당했단 말인가? 그리고, 그들의 주님이 예고하신 대로 순교를 당했단 말인가?

결코 그렇지 않다. 이 시점에서 앞서 말해 온 사실을 다시 한번 강조하는 것이 필요할 듯싶다. 즉, 기독교는 일반적인 도덕 수준이 요구하는 것을 넘어선다. 기독교는 탁월한 도덕 체계를 제시한다.

그러면, 기독교는 사회 안에서 어떤 가치를 지니는가?

기독교의 도덕 원리가 실천 행위를 하는 데 아무런 필요도 없다면, 그것을 여전히 원리라고 할 수 있을까 하는 문제를 생각해 보아야 한다. 한마디로 실천과 무관한 원리는 붙잡고 있을 필요가 없다. 실천과 무관한 기독교 교리는 적용할 수 없는 불필요한 이론에 불과하다. 따라서, 그런 교리라면 더 단순하고 덜 힘드는 다른 것으로 대체해야 한다.

그러면, 과연 그렇게 될 수 있는가? 기독교를 단지 한두 가지의 신조로 축소하는 것이 가능한가? 기독교 교리가 실천에 미치는 영향력이 단지 가능한 몇 가지 행동 법규로 좁혀질 수 있는가? 단지 몇 가지 사변적인 생각과 몇 가지 아무짝에도 쓸모없는 신앙이 기독교의 본질을 구성하는 것이란 말인가? 만일 그렇다면, 복음을 받아들이는 자와 거부하는 자의 차이를 분명하게 구분하고 있는 성경 말씀은 도대체 무엇이란 말인가? "아들을 믿는 자는 영생이 있고 아들을 순종치 아니하는 자는 영생을 보지 못하고 도리어 하나님의 진노가 그 위에 머물러 있느니라" 요 3:36.

16세기경 스페인과 포르투갈의 항해자들을 생각해 보자. 당시, 그들은 각각 서쪽과 동쪽을 향해 항해하기 시작했다. 서로간의 거리가 크게 떨어졌을 것이라고 생각하는 바로 그 순간에 그들은 서로 만나게 되었다. 이름뿐인 기독교 신자들과 불신자들의 관계가 바로 이렇다. 그들은 서로가 정반대의 길을 가고 있다고 생각한다. 불신자들은 기독교 신앙을 혐오한다. 반대로, 이름뿐인 그리스도인들은 실제로는 그리스도인의 삶이 무엇인지 전혀 모르면서 불신자들과는 다른 생각을 하며 살고 있다고 믿는다. 하지만, 이들은 사실상 서로 같은 생각을 하고 있으며, 같은 곳에 도달하게 된다. '기독교'라는 이름이 이러한 생각을 가진 이름뿐인 신자들에게 적용된다는 것은 정말 수치스러운 일이 아닐까?

1. 성경에 기록되어 있는 도덕 규범

복음이 요구하는 도덕적 규범은 가볍게 생각할 수 있는 것이 아니다.

기독교의 본질과 체계는 하나님께 그 뿌리를 두고 있다. 기독교의 실천적 규범들도 기독교의 교리 못지 않게 순수하고 장엄하다. 세상에 하나님의 말씀이 제시하고 있는 규범들보다 더 엄격하고, 더 포괄적인 규범들이 존재할 수 있겠는가? 성경은 제시한다. "무엇을 하든지 말에나 일에나 다 주 예수의 이름으로 하고"골 3:17. "내가 거룩하니 너희도 거룩할지어다"벧전 1:16. "하늘에 계신 너희 아버지의 온전하심과 같이 너희도 온전하라"마 5:48. 우리는 "거룩함을 온전히 이루라"고후 7:1는 명령과 "완전한데 나아갈지니라"히 6:2는 명령을 받는다.

이것이 바로 성경이 명령하고 있는 도덕적 규범이다. 이러한 성경 말씀을 받아들이는 이들은 세상의 낮은 도덕적 규범에 만족할 수 없다. 성경은 여러 구절들을 통해 그리스도인들이 살아야 할 진정한 삶의 모습을 제시한다. 한마디로, 성경은 완전하고 거룩할 것을 명령한다. 참된 그리스도인이 된 모든 사람에게는 근본적인 변화가 일어난다. 이러한 사람은 성경의 명령에 복종한다. "주를 향하여 이 소망을 가진 자마다 그의 깨끗하심과 같이 자기를 깨끗하게 하느니라"요일 3:3. 참된 그리스도인들을 일컬어 "신의 성품에 참예하는 자"들벧후 1:4이라고 했다. 그들은 "지식에까지 새롭게 하심을 받는 자"골 3:10, "하나님의 성전"고전 3:16으로 불린다. 그 결과, 그들은 "모든 착함과 의로움과 진실함"엡 5:9을 나타낸다.

사도 바울은 모든 덕행에 있어서 도덕적으로 매우 뛰어난 사람이었음에도 불구하고, 여전히 앞을 향해 나가야 한다고 말했다. "뒤에 있는 것은 잊어버리고 앞에 있는 것을 잡으려고……좇아가노라"빌 3:13. 그는 사랑하는 신자들을 위해 "하나님의 모든 충만하신 것으로 너희에게 충만하게 하시기를"엡 3:19, 그리고 "의의 열매가 가득하기를"빌 1:11 기도했다.

또한, "주께 합당히 행하여 범사에 기쁘시게 하고 모든 선한 일에 열매를 맺게 하시며"골 1:10라고 기도했다. 우리는 주님께서 가르쳐 주신 기도, 즉 "뜻이 하늘에서 이룬 것같이 땅에서도 이루어지이다"마 6:10라는 간구를 습관화하는 것이 필요하다.

위에서 인용한 성경 구절들은 기독교의 도덕적 규범이 매우 엄격함을 분명하게 보여 준다.

참된 그리스도인들의 표징

참된 그리스도인들의 표징은 무엇인가? 그것은 오로지 그리스도를 통해서만 구원받았다는 사실을 믿고, 구원받은 자들에게 주어진 모든 약속들을 의지하며, 다른 주인들을 섬기지 않고 온몸과 마음을 모두 하나님께 헌신하는 것이라고 생각한다. 세례는 바로 이와 같은 의미를 갖는다. 세례를 받은 참 그리스도인들은 오직 하나뿐인 주권자를 섬기는 일에 자신을 모두 드리는 것을 삶의 목적으로 삼기로 결심한 이들이다. 이들은 "너희는 너희의 것이 아니라"고전 6:19는 말씀이 의미하는 바를 분명하게 안다.

참된 그리스도인들은 정신적 육체적 능력, 타고난 재능, 소유, 권위, 시간, 영향력 등을 자신들의 만족을 위해 사용하지 않는다. 그들은 이 모든 것들이 하나님께 속해 있으며, 하나님의 영광과 그분을 섬기는 일에 봉헌되어야 함을 안다. 이들은 하나님을 섬기고 그분께 영광 돌리는 것을 삶의 중심 원리로 삼아 다른 모든 것을 그분께 귀속시킨다. 그리스도를 믿기 전에 가졌던 열정, 삶의 목표, 취미, 허영, 감정, 지식, 감각적인 생활, 학문에 대한 관심 등 그 무엇이든 – 이제는 그리스도를 믿는 신앙과 비교할 때 그렇게 중요한 것이 못 된다. 이들은 자신들의 열정을 오로지 주님을 즐겁게 하기 위해 사용하고, 그분의 통제와 명령 아래 모든 것을 내어맡긴다. 이들은 그리스도만이 참된 주인이심을 인정한다.

기독교의 특권이란 바로 이런 것이다. 기독교는 "모든 생각을 사로잡아 그리스도에게 복종케 한다"고후 10:5. 참된 그리스도인들은 하나님이 주신 능력을 받아 "다시는 저희 자신을 위하여 살지 않고 오직 저희를 대신하여 죽었다가 다시 사신 자를 위하여 살기로"고후 5:15 결심한다. 이들도 자신들이 연약함을 잘 안다. 또한 자신들이 살아가야 할 길은 좁고 어려운 길임을 잘 안다. 하지만, "여호와를 앙망하는 자는 새 힘을 얻는다"사 40:31는 사실을 확신함으로써 힘을 얻는다. 그들은 자신들의 모든 삶을 "다 하나님의 영광을 위하여"고전 10:31라는 원칙 아래 산다. 이 원칙 아래서 모든 덕행과 선행이 이루어진다.

참된 그리스도인들은 자신의 불완전함을 깨닫는다

그리스도의 종들은 자신들의 노력에 의해 많은 열매가 맺혀진다 해도 자신들은 불완전하다는 것을 언제나 겸손히 인정한다. 그들도 여러 가지 감정에 의해 영향을 받는다. 하지만, 참된 그리스도인들은 점차 그들의 주인이신 예수 그리스도의 형상으로 변해간다.

그들이 거룩한 삶을 사는 것은 심판을 받을까 두려워해서도 아니고, 축복을 받고 싶은 욕망 때문도 아니다. 그들은 거룩한 삶 자체를 위해서 거룩하게 살고자 한다. 그들이 하나님의 뜻에 복종하고, 하나님의 은총을 구하는 것은 이기적인 목적 때문이 아니다. 그들이 거룩한 삶을 추구하는 것은 하나님의 엄위로우시고 전능하심을 점점 더 깊이 느끼기 때문이다. 이들은 이러한 하나님 앞에서 자신들의 무가치함을 깨닫게 되고, 피조물로서 마땅히 모든 일에 있어서 창조주 하나님의 뜻에 복종해야 한다는 것을 알게 된다.

참된 그리스도인들은 하나님의 완전하심을 우러러보고, 신의 성품에 참예하는 일을 사랑함으로써 숭고한 마음을 갖게 된다. 이들은 아버지되신 하나님의 사랑과 보호를 확신하고 또 겸손히 받아들임으로써 거룩한 삶을 살아가는 힘을 얻는다. 이것이 바로 하나님을 사랑하는 그리스도인의 모습이다. 하나님을 사랑한다는 것은 그분을 우러러보고, 좋아하며, 소망하고, 신뢰하며, 기뻐하고, 늘 감사하고 경외하는 자세로 정결한 삶을 살아가는 것을 말한다.

참된 그리스도인들은 각자의 타고난 기질대로 신앙 생활한다

다음의 말을 할 때, 혹시 내가 부지중에 연약한 신자에게 상처를 주지 않도록 주의를 기울여 말해야 할 것 같다. 위에서 언급한 내용들은 모든 참 신자들에게 똑같이 나타나는 것은 아니다. 경우에 따라 그 나타나는 정도가 다르다.

요컨대, 신자들은 각기 타고난 기질도 다르고, 과거에 처했던 개인적인 상황도 다르며, 인격 형성에 영향을 미친 수많은 요건들도 각기 다르다. 이러한 사실 때문에 그리스도인들은 각기 서로 다른 기질과 성품을 갖게 된다. 어떤 사람은 하나님을 사랑하는 마음이 강한 반면에, 어떤 사람은 그분을 두려워하는 마음이 강할 수 있다. 어떤 사람은 잘 믿고 의지하는 성향을 가진 것에 반해, 어떤 사람은 감사하는 마음이 강하다.

하지만, 모든 신자들은 정도의 차이는 있지만 하나님의 위대하심에 의해 영향을 받는다는 점에서는 공통적이다. 모든 신자들의 공통된 마음 가짐은 자신을 하나님께 드려 그분을 섬기고 그분의 영광을 위해 살고자 하는 것이다. 이들은 또한 거룩한 삶을 원하고, 계속해서 완전한 데로 나아가기를 원하며, 자신의 무가치함을 인정한다. 이들은 자신들의 약점을 잘 알고 있으며, 그 약점 때문에 종종 유혹에 빠져 자신들의 담백한 삶과 순수한 목적이 오염되고 좌절된다는 것을 의식한다. 이것이 바로 참된 그리스도인의 모습이다.

참된 그리스도인에 대한 나의 이 같은 견해를 너무 심하다고 생각하는 사람이 있을지 모르겠다. 어쩌면 평범한 그리스도인에게 적용하기에는 너무 많은 것을 요구하고 있다는 생각이 들지도 모른다. 사실, 어떤 사람들은 오늘날 우리의 삶에는 모세의 율법이 적용되지 않는다고 주장하기도 한다.

이것은 매우 중요하기 때문에 간과할 수 없는 문제이다. 따라서, 성경이 이에 대해 어떻게 말하고 있는지 살펴보는 것이 좋을 듯하다.

성경은 보편적으로 적용된다

성경은 그리스도인이 하나님 앞에서 책임 있는 삶을 살아가야 한다고 말한다

먼저, 성경의 계명들이 전반적으로 이와 같은 삶을 요구하고 있다는 사실에 주목하기 바란다. 말씀에 따르면, 그 누구도 하나님께 대한 의무로부터 멋대로 자신을 제외시킬 수 없음을 분명히 하고 있다.

둘째, 복음의 계명들은 보편적으로 적용된다. 우리는 성경에서 이러한 사실에 대한 많은 증거를 찾아 볼 수 있다. 복음의 계명들이 모든 그리스

도인들에게 적용되는 이유는 그들이 모두 공통된 관계와 상황 속에 처해 있기 때문이다. 그리스도인들은 '값으로 산 것이 되었기 때문에 자신의 것이 아니다' 고전 6:20 참조. 따라서, 그들은 '자신을 위해 살지 않고 오직 저희를 대신하여 죽었다가 다시 사신 자를 위해 살아야 한다' 고후 5:15 참조. 그리스도인들이 이 어려운 의무를 이행할 것을 명령받고 있는 이유는 '그들이 하늘에 계신 아버지의 자녀가 되게끔 하기 위한' 것이다 마 5:45. "사람이 물과 성령으로 나지 아니하면(즉 성령으로 거듭나 하나님의 자녀들 가운데 한 사람이 되지 않으면) 하나님 나라에 들어갈 수 없느니라" 요 3:5.

그리스도인이 하나님 앞에서 책임과 의무를 다하는 삶을 살아야 할 이유는 그들이 하나님의 자녀이기 때문에, 즉 성경의 용어로 말하면 "양자의 영을" 롬 8:15 받았기 때문이다. 성경은 '무릇 하나님의 영으로 인도함을 받는 자들만이 하나님의 아들이라.' 고 말한다 롬 8:14. 또한, "누구든지 그리스도의 영이 없으면 그리스도의 사람이 아니라" 롬 8:9 는 경고의 말씀도 있다. 간단히 말해서, 성경은 도처에서 그리스도인을 가리켜 하나님의 종이자 자녀라고 부른다. 하나님의 말씀은 복종하는 자세와, 동시에 자녀가 아버지를 사랑하는 것과 같은 마음을 가지고 그분을 섬길 것을 요구한다.

다음의 성경 말씀은 무엇을 말하고 있는지 잘 생각해 보기 바란다. "너는 마음을 다하고 성품을 다하고 힘을 다하여 네 하나님 여호와를 사랑하라" 신 6:5. 이는 그리스도인은 하나님 앞에서 의무를 다해야 한다는 것을 교묘한 이유를 내세워 반대하는 자들의 주장을 일소에 부치는 말씀이 아닌가! 이 말씀 앞에서 어찌 경솔한 생각을 할 수 있겠는가? 이 말씀이 함축하고 있는 바를 깊이 상고해 보라. 성경의 다른 곳에 있는 말씀들도 이 말씀을 확언하고 있다. 이 말씀은 일종의 결론과도 같다. 온 교회에게 하나님을 적극적으로 사랑하라는 명령이 주어졌다. 이와 관련된 성경 구절로는 요한일서 3:17, 로마서 16:18, 빌립보서 3:19, 고린도전서 16:22 등이 있다. 특히, 이러한 성경 구절들은 하나님을 사랑하지 않는 이들의 삶에 나타나는 결과들을 언급하고 있다.

하나님께서는 전적으로 자신을 거부하는 이들만 심판하실 것이라고 상상하는 것은 잘못이다. 하나님은 나누인 마음도 받아들이지 않으신다. 하나님은 단일한 마음과 단일한 눈을 갖는 것이 절대적으로 필요하다고 분명하게 말씀하신다. 성경은 하늘에 보물을 쌓아 두라는 비유를 통해, 하나님을 사랑하고 그분을 섬기는 것이 가장 우선되는 목적이 되어야 함을 분명히 한다. "네 보물 있는 그곳에는 네 마음도 있느니라" 마 6:21.

하나님께로부터 마음을 멀리하면 어떻게 되는가?

이와 같은 원리에 근거하여, 성경에는 사람이 잘못된 것을 추구하는 삶을 살게 되는 것은 하나님께 마음을 두지 않기 때문이라고 지적하는 구절들이 있다. 하나님만이 우리가 추구해야 하고 사랑해야 할 올바른 대상이시다. 그러므로, 성경은 악한 것을 사랑하는 마음을 누르고 하나님을 사랑하라고 명령한다. (물론, 기독교는 악한 것을 사랑하는 마음을 적대시해야 한다.) 하지만, 이것이 전부는 아니다. 성경은 악한 것이 아니라 해도 하나님보다 더 사랑하는 것이 있어서는 안 된다고 말씀한다.

주님은 말씀하시기를, "아비나 어미를 나보다 더 사랑하는 자는 내게 합당치 아니하고 아들이나 딸을 나보다 더 사랑하는 자도 내게 합당치 아니하고"마 10:37라고 하셨다. 이러한 말씀은 하나님의 영광만을 위해 살라는 성경의 많은 말씀들과 일맥상통한다. 성경에는 미지근한 신앙을 책망하는 구절들이 많다. 차갑지도 않고 뜨겁지도 않은 사람들이 공개적으로 하나님을 불신하는 원수들보다 더 나쁘고 혐오스럽다고 말씀한다.

하나님은 질투하시는 하나님이시다

성경은 또한 다른 각도에서 하나님의 영광을 위해 살 것을 명령하고 있다. 성경은 하나님 외에 다른 것을 섬기는 것을 허용하지 않는다. 영광은 하나님께만 돌려져야 한다.

성경은 우상 숭배를 심각한 죄로 규정한다. 우상 숭배는 하나님의 진노를 불러일으킨다. 우상 숭배에는 혹독한 심판이 주어진다. 우상에게 절하는 것만이 우상 숭배가 아니다. 마음으로 그러한 것들을 숭배하는 것 또한 우상 숭배이다. 따라서, 스스로를 속이지 말자. 하나님께 드려야 할 것을 다른 것에 바치는 것 모두 우상 숭배이다. 감사, 사랑, 경외는 오직 하나님만이 누릴 수 있는 특권이다.

우리가 하나님께 마음을 두지 않고, 다른 무엇에 사로잡혀 그것에 온통 사랑과 애정을 바친다면 그 또한 돌이나 나무로 깎은 형상에 무릎을 꿇고 경배하는 것과 같은 우상 숭배이다. 성경은 하나님의 종들이 그 마음속에 자신의 우상을 세워서는 안 된다고 명령한다. 따라서, 탐심과 욕정도 우상 숭배라고 부른다.

"나는 내 영광을 다른 자에게, 내 찬송을 우상에게 주지 아니하리라"사

42:8고 말씀하신 하나님께서 또한 "지혜로운 자는 그 지혜를 자랑치 말라 용사는 그 용맹을 자랑치 말라 부자는 그 부함을 자랑치 말라"렘 9:23고 말씀하셨다. "이는 아무 육체라도 하나님 앞에서 자랑하지 못하게 하려 하심이라"고전 1:29. "자랑하는 자는 주 안에서 자랑하라"고전 1:31. 자기를 숭배하는 사람들의 소리를 듣고 스스로를 영화롭게 했던 헤롯에게 즉각적인 보응과 징계가 주어졌음을 기억하라. 이는 하나님께 영광을 돌리지 않는 이들이 어떠한 심판을 받게 될 것인가를 보여 주는 사례이다. 그가 죽은 이유는 "영광을 하나님께로 돌리지 아니했기"행 12:23 때문이다.

오늘날 이런 말씀들을 심각하게 생각하는 사람들이 별로 없다는 사실이 두렵기만 하다. 위대한 자, 지혜로운 자, 학식 있는 자, 성공한 자들은 이 말씀들을 마음속으로 진지하게 생각해야 한다. 이러한 말씀을 기억해야만 교만한 자기 만족감에 빠져들지 않을 수 있다. 자기 만족에 빠지지 않을 때 하나님을 영화롭게 할 수 있고, 사람에게 유익이 될 수 있다. 온 우주에 은총을 베푸시는 하나님을 찬양하는 것을 기뻐하고, 겸손과 감사로 그분을 경외하는 마음을 가져야 한다.

참된 그리스도인이라면 진정으로 모든 것을 바쳐 하나님을 섬기고 그분께 영광을 돌리는 삶을 살아야 한다. 이것이 참된 그리스도인의 표징이다. 사람들은 대개 이와 같은 의무를 저버린다. 하지만, 일단 하나님의 영광이라는 삶의 근본적인 원리를 받아들이게 되면 마음과 행위가 그 지배를 받게 된다. 실제적인 상황에서 결정을 내리는 순간에 하나님을 섬기는 의무를 다하겠다는 마음가짐을 가지면 많은 유익을 얻을 수 있다. 이 원칙을 저버리면 그와 같은 상황에서 올바르고 적절한 결정을 내릴 수 없다.

2. 기독교적인 삶에 관한 일반적인 견해

지금까지는 참된 기독교적 삶의 본질적인 성격을 규정하고, 그것이 정확하게 무엇을 뜻하는지를 확립하려고 노력해 왔다. 이제는 좀더 세부적으로 그리스도인들이 어떤 식의 삶을 살고 있는지 살펴보도록 하자.

신앙이란 실천에 동기와 힘을 부여한다. 신앙의 권위를 인정하고, 이것이 말하는 바를 마음속에 간직할 때, 사람은 신앙의 원칙에 어긋나는 모든 행위를 거부하게 되고, 점차 신앙의 원리를 따르고 그에 복종하는 마음을 갖게 된다.

하지만, 마음이 참 신앙의 좌소座所라 하더라도, 신앙은 마음뿐 아니라 인간의 전인적인 삶을 지배하는 원리로서 존재한다. 이것은 마치 하나님이 우리의 모든 존재를 지배하시는 것과 비슷하다. 삶에서 추구하는 모든 것, 모든 노력이 신앙의 지배를 받게 된다. 이것은 마치 피가 인간의 온몸을 돌며 가장 작고 가장 먼 곳에 있는 조직들까지 자양분을 공급해 주는 것과 같다 할 수 있다.

삶과 신앙을 분리하여, 신앙을 의식하지 않고 살아갈 수 있다는 생각

하지만, 많은 사람들은 신앙에 관해 이와는 사뭇 다른 견해를 가지고 있는 것 같다. 사람들은 신앙을 행동의 영역에서 배제해 버린다. 신앙에서 많은 것을 얻을 수 있고 또 신앙적인 삶을 갈망하지만, 실제 삶 속에서는 신앙 없이도 살 수 있다는 생각에 젖어 있다.

또, 어떤 사람들은 삶에서 신앙을 인정하기는 한다. 크게 인정하든 작게 인정하든, 그들의 상황과 견해에 따라 신앙이 필요하다고 생각한다.

하지만, 이것은 단지 형식적인 것에 지나지 않는다. 이들은 신앙을 자신들이 정해 놓은 부분에 있어서만 인정한다. 그리고, 나머지 삶의 영역에서는 신앙과 무관하게 자유롭게 자기 멋대로 살아간다.

다른 말로 하면, 이들은 자신들이 가진 생각과 시간과 물질과 힘 가운데 일부만을 떼어 할애한다. 그리고 이 정도만 하면 꽤 만족스러운 신앙생활을 하는 것이라고 자부한다. 나머지는 그들의 것이다. 그들은 그 나머지를 가지고 제멋대로 즐기며 살아간다. 십일조도 했고 교회의 요구를 어느 정도 충족시켰기 때문에 아무런 거리낌없이 나머지 것을 즐기며 살아도 좋다고 생각한다!

이것은 근본적으로 잘못된 생각이다. 이 같은 생각에서 비롯되는 나쁜 결과들을 아무리 강조해도 지나치지 않을 것이다. 이것은 삶의 보다 큰 부분을 신앙과 무관한 것으로 만들어 버리는 우를 범한다. 이들은 실제적인 악만 저지르지 않는다면, 신앙적인 의무를 잘 이행하는 것이라고 생각한다. 말하자면, 금지된 선만 넘지 않으면 된다는 식의 사고방식이다. 이들은 신앙에 삶의 일부를 할애했으면 됐지, 그 이상 무엇을 더 기대하느냐고 생각한다.

이들은 모든 죄를 멀리 하는 것이 우리의 안전을 위한 확실한 보장이 됨에도 불구하고 그렇게 하려 하지 않는다. 이들은 자신들이 악의 경계선에 가까이 접근해 있는가에 신경 쓰지 않는다. 이들은 실제로 그 경계선만 넘지 않았다면 아무런 악도 행하지 않은 것 아니냐는 생각으로 살아간다. 실제로 악을 저지르지 않으면 죄를 저지르지 않은 것과 같다는 것이 이들의 생각이다. 이렇게 생각함으로써 참된 신앙의 정신을 '재갈 물리고 감금해' 버린다. 이들의 삶에는 신앙이 능동적이고 자유롭게 그 영향력을 행사할 수 없다. 이는 신앙의 영향력을 삶의 전반에 확장시켜 나가고자 하는 생각을 아예 하지 않기 때문이다. 사람들은 신앙의 한계를 정하려 하고, 신앙이 자신들의 삶에 영향력을 확장시키려 하면 그것을 침해로 규정하여 반발한다.

이것이 전부가 아니다. 이들은 신앙이 자신들의 삶에 영향력을 행사하려 하면 곧 거부한다. 그리고, 모든 속박과 간섭에서 자유롭게 자신들의 뜻대로 살아가려고 한다. 이렇게 함으로써, 자기도 모르게 자신들이 인정해 온 신앙적인 영역을 압박하고 좁혀 나간다. 또한 의식적으로든 무의식적으로든 신앙을 점점 자신들의 삶에서 몰아낸다. 처음에는 좀 망설이다가도 결국에 가서는 신앙적인 삶을 점차로 포기한다. 그들의 삶 속에서 신앙이 차지하는 영역이 점점 좁아져 마침내는 그들이 과연 신앙인인가를 구분할 수 없게 된다. 그들은 스스로 신앙 정신을 말살하고, 그 힘을 파괴한다. 결국, 신앙은 그들의 삶에서 하나의 습관으로 남게 되고, 그들은 이름뿐인 종교인이 되어 버린다.

이것이 바로 오늘날 우리의 현실적인 모습이다. 우리는 더 이상 하나님의 영광을 위해 살지 않으며, 하나님의 은총을 구하는 것을 우리의 가장 큰 관심사와 추구의 대상으로 삼지 않는다. 우리의 삶에서 신앙은 아무런 영향력도 행사하지 못하고 있다. 우리는 더 이상 신앙을 행위의 원칙으로 삼지 않는다. 신앙은 우리 삶에 아무런 동기도 부여하지 않는다. 그 대신 우리는 스스로를 위한 체계를 세워, 우리를 지배하게 한다. 우리는 하나님을 경외하고 그분을 위해 봉사하는 삶을 성가시고 귀찮게 여긴다. 그리고 신앙으로부터의 해방을 마치 천한 노예 생활에서 해방되는 것처럼 여기고 기뻐한다.

삶의 조건과 상황이 완전히 바뀌게 된다. 우리의 능력과 힘이 이제는 우리 자신의 것이 된다. 우리가 가진 모든 것이 위탁된 것이 아니라 우리의 소유가 된다. 가끔씩 신앙적인 의무가 머리 속에 떠오르게 되면 그저 형식적으로 인정하면 그것으로 만족하게 된다. 마치, 토지 임대료를 지불하고 그것을 마음대로 경작하면 그만이듯이, 신앙에 대해 형식적인 의무만을 갖추고 이제는 완전한 자유 속에서 우리 삶을 우리 뜻대로 즐기며 산다.

결국, 우리는 우리의 지위, 지적 능력, 부를 비롯한 기타의 유익한 수단들을 책임 있게 사용하지 않게 된다. 우리는 "네 보던 일을 셈하라"눅 16:2, "내가 돌아오기까지 장사하라"눅 19:13는 성경의 권고를 잊어버린다. 물론, 사람들 중에는 우리 자신의 이기적인 만족보다는 좀더 큰 명분을 위해 살아야 한다고 주장하는 사람들이 있다. 하지만, 그들이 내세우는 명분이란 것은 대개 사회의 유익, 또는 가족의 행복과 같은 것이다. 우리가 의무를 이행하는 것도 가족의 안위를 비롯한 세상적인 유익과 계산 속에서 나온 것일 따름이다. 만일 가족이 없거나 어떤 이유로도 자신을 절제할 필요가 없는 사람들은 그나마 이 같은 의무도 이행할 필요가 없게 된다.

우리는 생명을 가져다주는 기독교의 관대하고 자비로운 정신을 도외시해 왔다. 그 대신 자기 이익을 구하는 삶의 체계를 세워 왔다. 삶을 즐기는 것이 주된 관심사이다. 식당에서 맛있는 요리를 먹고, 카드놀이를 하며, 운동을 즐기고, 극장에 가는 등 삶을 즐긴다. '무료하고 지루한 삶의 공백을 메우기 위해' 더욱더 많은 즐거움과 쾌락을 찾는다.

어떤 이들은 육체적인 쾌락에 빠진다

어떤 사람들은 육체적인 쾌락을 즐긴다. 이들의 삶을 행복하게 하는 것은 이런 저런 동물적인 본능을 만족시키는 데 있다. 모든 신앙적인 권유와 주장을 등한시하고 노골적인 방탕을 일삼는 사람만 육체적인 쾌락을 즐기는 범주에 속하는 것은 아니다. 그럴 듯한 인품을 지니고 신앙적인 삶을 살면서도 육체적인 쾌락에 몰두하는 사람들이 있다ㅡ이런 사람들을 가리켜 '방탕하지 않은 쾌락주의자'라고 부른다. 이들의 삶은 덜 충동적이며 제법 절도도 있다. 하지만, 노골적으로 방탕한 쾌락을 즐기는 사람들 못지 않게 끊임없이 일정한 태도로 자신들이 좋아하는 것들을 추구한다.

'육체와 함께 그 정情과 욕심을 죽이라.'는 것이 기독교의 계명이다. 오늘날 많은 그리스도인들이 습관적인 쾌락에 빠져들고 있다. 육체적인 쾌락에 빠지지 않기 위해서는 행위를 늘 삼가 조심하고 자기를 부인하며 절제된 삶을 살아야 함에도 불구하고, 오늘날의 그리스도인들은 이것을 전혀 이행하지 않고 있다.

기독교는 신자들에게 부지런히 자신들의 행위를 살펴 삼가 조심하는 삶을 살 것을 요구한다. 우리 가운데는 자기 자신과 동료 인간에게 행해야 할 의무를 등한시하는 사람들이 많다. 그들은 마치 자신들이 육체의 만족을 누리며, 공허하고 무익한 삶을 살도록 태어난 것처럼 살아간다. 그들은 자신들의 몸과 마음을 유익한 일에 사용하지 않고, 그 대신 쾌락을 얻는 데 사용한다. 결국, 그들은 목적을 수단으로 만들어 버린다.

어떤 이들은 허식과 겉치레를 좋아한다

어떤 이들은 '이 세상의 허영과 허식'을 좋아한다. 이들은 큰 저택, 호화로운 가구, 많은 하인, 멋진 놀이를 즐기며, 상류층 사람들과 교제를 한다. 이들은 이렇게 사는 것이 인생의 가장 큰 행복인 줄 안다. 사실 지위나 서열로 볼 때 마땅히 이러한 삶을 즐길 수 있는 조건이 갖추어진 사람들은 정작 그 같은 허영된 삶에 무관심하다. 부나 지위에 있어서 그럴 수 없는 사람들이 오히려 그러한 것에 온당치 못한 관심을 가지고 허영된 삶을 살려고 애쓴다. 이들은 경쟁적으로 사치스러운 삶을 살고자 하고, 뭔가를 과시하려고 한다. 이러한 삶은 참된 그리스도인의 삶과 정반대 되는 삶이다. 참된 그리스도인은 자신을 과시하지 않는다. 그는 겸손하고 검소한 삶을 추구한다.

어떤 이들은 야심에 사로잡혀 산다

쾌락을 추구하거나 탐욕에 사로잡혀 사는 사람들도 있지만, 야심에 사로잡힌 삶을 사는 이들도 있다. 특히, 경제 활동과 직업 활동이 이루어지는 영역에서 이와 같은 사람들을 많이 볼 수 있다. 이들은 부지런히 일하면 잘살 수 있다는 생각, 직장에서 성공을 거두어야 한다는 생각, 자녀들을 좋은 것으로 양육해야 한다는 생각에 현혹되어 올바른 판단을 하지 못한다. 이들은 '일찍 일어나 늦게 누우며 수고의 떡을 먹는다.'

일을 하다가 쉬는 때가 찾아오면, 지친 영혼은 뭔가 새롭게 되기를 요구한다. 하지만, 이러한 때라도 영혼의 문제를 진지하게 생각하지 않는다. 왜냐하면, 이러한 생각은 너무 진중하고 우울한 사색처럼 느껴져 몸과 마음을 더욱 무겁게 해준다고 생각하기 때문이다. 따라서, 그야말로 몸과 마음을 느긋하게 풀어 줄 수 있다고 생각하는 오락거리를 찾는다. 이렇게 함으로, 다음날의 일을 위한 재충전을 시도한다.

이러한 삶 속에는 신앙이 비집고 들어올 틈이 없다. 이들은 신앙에 관한 생각을 거의 하지 않는다. 이렇게 사는 삶에 대해 간혹 불안한 마음이 찾아들 때면, 동료들과 진탕 어울려 놀거나, 즐거움을 추구하거나, 습관적으로 일을 함으로써 그와 같은 불안을 몰아내려 한다. 전문적인 직업인이나 직장 생활을 하는 사람들은 일을 하느라 신앙과 신앙의 문제에 대해 진지한 생각을 할 틈이 없다. 이들은 결국 일로 자신들의 양심의 소리를 쉽게 묵살해 버린다.

너 자신을 알라

'너 자신을 알라.'는 말이 있다. 또한, 성경은 "무릇 지킬 만한 것보다 더욱 네 마음을 지키라"잠 4:23고 말한다. 게으르고 경솔한 사람들은 이러한 말들을 무시한다. 대개, 사람들은 자신들의 참 모습에 대해 안타까울 정도로 무지하다. 사람들은 여러 가지 대상들을 향해 자신들의 삶을 헌신한다. 이러한 일들에 몸과 마음이 온통 매여 정작 중요한 일들에 대해서는 생각하지 못한다. 사람들은 궁극적으로 중요한 문제들을 거의 생각하지 않고 산다.

불순종의 본질

하지만, 이 점을 명심해야겠다. 하나님을 사랑하지 않고, 삶의 우선적인 목적과 바람이 하나님의 영광을 위한 것이 아닐 경우, 그것은 곧 주권자이신 하나님께 대한 심각한 반역이라는 사실을 말이다. 앞에서 말해 온 바와 같이, 우리는 여러 가지 일들을 위해 몸과 마음을 바치는 삶을 살고 있다. 사회의 모든 계층의 사람들에게서 이와 같은 삶이 발견된다. 하지만, 이러한 삶은 곧 하나님께 대한 명백한 불순종이다. 하나님은 자신의 보좌를 사람의 마음에 두시고 다스리기를 원하신다. 하나님은 사람이 하나님 외에 다른 것에 마음을 빼앗기는 것을 원치 않으신다. 마음을 빼앗기는 대상이 무엇이든지 그것은 중요치 않다. 중요한 것은 그렇게 함으로써 우리는 하나님의 주권을 인정하지 않게 된다는 사실이다. 하나님께 대한 반역은 좀더 노골적일 수도 있고, 좀더 비밀스러울 수도 있다. 그것은 의도적인 선택에 의한 것일 수도 있고, 경거망동한 행위에 의한 것일 수도 있다. 또한, 불손한 태도로 하나님께 불순종할 수도 있고, 이와는 반대로 세련된 척하며 불순종할 수도 있다.

어떤 모양이나 어떤 태도를 취하든 본질은 같다. 결국, 이 모든 것은 하나님께 대한 불순종이자 반역이다. 탐욕이든, 육체적인 쾌락이든, 오락이든, 나태든, 야심이든, 취미든, 유행이든, 그 어떤 것의 노예가 된다는 것은 모두 주권자이신 하나님과 우리 자신을 갈라놓는 일이다. 허영심과 자기 사랑의 노예가 되든지, 문필가로서의 명성을 얻겠다는 야심에 사로잡히든지, 하나님 이외에 다른 것을 섬기면 그것이 곧 우상 숭배이다. 외적으로 나타나는 행위는 모두 다를 수 있지만, 하나님을 사랑하는 마음이 없다는 점에 있어서는 똑같다. 만일 하나님께 대한 충성심을 회복하지 않는다면, 우리는 반역자에게 주어질 운명을 맞이할 준비를 해야 한다. 심판의 날이 오면, 모든 거짓된 껍데기들이 벗겨지게 될 것이다. "사람 중에 높임을 받는 그것은 하나님 앞에 미움을 받는 것이니라" 눅 16:15.

우리는 주위에서 게으름, 경솔함, 공허한 오락, 시간과 재능의 오용, 유익이 없는 연구, 하찮은 일로 삶을 낭비하는 모습 등을 보면서 인생의 무상함을 느낄 수도 있다. 하지만, 그것은 대개 그때뿐이다. 우리는 이와 같은 일들을 신앙적인 관점에서 보지 않는다. 말하자면, 그와 같은 삶이 결국에는 영원한 불행을 초래한다는 사실을 진정으로 애통해 하지 않는다. 지나친 허영이나 무절제한 야욕을 죄로 보기보다는 인간의 약점으로 생각한다. 심지어 사람들은 탐욕을 혐오하면서도, 그것을 죄라고 생각하지 않는다.

우리 자녀들을 생각해 보자. 우리는 마땅히 자녀들의 행복을 진정으로 바라야 하고, 그들이 올바른 원칙에 따라 살아갈 수 있도록 관심을 기울여야 한다. 하지만, 과연 그런가? 자녀들을 키우는 것을 보면 우리의 삶의 기준이 무엇인가를 분명하게 알 수 있다. 우리는 자녀들에게 그들이 영혼을 지닌 존재임을 가르치지 않는다! 우리는 자녀들의 건강, 공부, 명예, 사람들에게 사랑을 받을 수 있는 성품, 부와 성공 등에 관해 진지하게 생각한다. 하지만, 우리는 그들의 영원한 삶에 관해서는 극히 적은 관심을 기울이는 데 그친다!

앞에서 언급한 대로, 신앙을 모든 삶에 적용해야 하는 원리이자 명령으로 생각지 않고 헛된 삶의 영광을 꿈꿀 때 주어지는 결과가 얼마나 치명적인가를 생각해 보라. 우리에게 있어서 신앙의 진정한 의미는 퇴색되어 버리고, 기껏해야 몇 가지 도덕적 금지 조항을 담고 있는 것쯤으로 치부해 버린다. 우리가 어찌할 수 없는 것에 대해서는 우리의 약점을 합리화하며 하나님의 자비를 구한다.

이러한 삶은 결코 참된 그리스도인의 삶이 아니다. 참된 그리스도인의 삶이란 죄의 무게를 느끼고 그것에서 해방되어야겠다는 염원을 갖는 것을 말한다. 앞에서 언급한 사람들의 삶을 살펴보면, 그들은 죄에 무관심한 모습으로 오히려 죄악된 삶을 즐기고 있다는 것을 알게 된다. 비록 노골적으로 심각한 죄를 짓고 살지는 않지만, 날마다 죄와 친구처럼 더불어 산다. 이들은 죄와 친숙하기 때문에 그것에 대해 전혀 반감을 느끼지 않는다. 거룩한 삶을 원하지도 않고 얻으려고 애쓰지도 않는다. 이들은 겸손하게 자신들이 죄인임을 고백함으로써 영원한 삶을 준비하고자 하는 마음이 조금도 없다. 따라서, 영원한 삶을 준비하는 데 방해가 되는 일들을 애써 제거해 나가려 하지 않는다.

외적 행위와 내적 원리

이와 같은 결과가 나타나는 원인은 신앙을 하나의 내적인 원리가 아니라, 단지 여러 가지 계명들을 잔뜩 모아 놓은 것으로 생각하기 때문이다. 이는 마음의 상태보다는 외적인 행위에 관해 말하는 것이 더 쉽기 때문이다. 이런 식으로 신앙을 생각하는 것은 마치 신앙의 실천을 특별히 강조하는 듯한 인상을 준다. 만일 건축가가 건물의 기초를 다지는 것을 자재 낭비라고 생각한다면, 그 건물이 나중에 어떻게 될 것인가는 불을 보듯 뻔한 일이다. 신앙을 외적 행위로만 생각하는 것도 이와 조금도 다를 바 없다.

물론, 거룩한 내적 원리를 주장한다 해도 그에 합당한 행위가 따르지 않는다면 말짱 헛일이 될 것이 분명하다. 하지만, 올바른 행위를 하려면 끊임없이 내적인 원리에 주의를 기울이는 것이 필요함을 잊지 말아야 한다. 주님께서는 좋은 열매를 얻기 위해서는 '나무를 좋게 만드는' 것이 필요하다고 하셨다마 12:33. 성경에는 우리의 마음을 열심히 살펴 가꾸어 나가야 한다고 권고하는 말씀들이 많다. 우리는 우리 마음의 상태를 객관적으로 평가하고, 마음을 지키는 일에 계속적인 관심을 기울여야 한다. 진실로, 인간을 구성하는 것은 바로 마음이다. 외적인 행위는 마음에 있는 동기와 성향으로부터 비롯된다. 말하자면, 외적인 행위는 곧 마음의 상태를 보여 주는 것에 지나지 않는다.

이것은 명백한 진리이기 때문에 강조할 필요가 없는 것처럼 보일지 모른다. 하지만, 우리는 외적인 행위에만 습관적으로 몰두해 있기 때문에 신앙 생활을 하는 동안 이 진리를 쉽게 잊어버린다.

나쁜 마음은 해로운 잡초처럼 쉽게 자라나서 번성하게 된다. 사실, 그리스도인에게 주어진 하나님의 은총은 인간의 타락한 마음의 토양에 심겨진 낯선 이국 땅의 식물과도 같다고 하겠다. 이 식물이 성장하려면 하늘 나라의 빛과 공기가 필요하다. 또한, 이것을 건강하고 힘있게 간수해 나가기 위해서는 우리편에서 끊임없이 주의를 기울이고 부지런히 살피는 노력이 필요하다.

하지만, 우리는 이 같은 내적인 원리를 도외시해 버렸다. 그 결과, 우리는 하나님께 부단히 기도하는 습관, 죄를 경계하는 마음, 도덕적인 삶과 같은 것들을 신장시켜 나가기 위해 힘을 쓰지 않는다. 충분한 주의를 기울이지 않으면, 이 같은 도덕적인 자질들은 이내 수그러들어 죽어 버리고 만다. 우리는 마음을 다스리는 일을 무시하고 있다. 자연히, 우리의 마음은 다른 생각들로 가득 차게 되고 온갖 나쁜 것들이 만연하게 된다. 이렇게 되면, 우리는 그것을 의식하지 못한 채 살아가게 된다.

참된 그리스도인의 삶

그렇다면 참된 그리스도인의 삶이란 어떤 것인가? 몇 가지 예를 들어 보자. 먼저, 참된 그리스도인은 "믿음으로 행하고 보는 것으로 하지 않는"고후 5:7 성품을 지닌다. 참된 그리스도인은 미래의 보상과 심판을 믿는다. 따라서, 참된 그리스도인은 현재의 만족을 위해 자신들의 의무를 저버리는 유혹에 빠지지 않는다. 뿐만 아니라, 성경에 계시된 위대한 진리, 즉 보이지 않는 세상에 대한 성경의 증언을 가장 중요하게 생각하고 마음에 늘 간직한다.

참된 그리스도인은 이러한 마음 자세를 가지고 있기 때문에 헛된 망상에 사로잡히지 않는다. 그 결과, 다른 사람들은 그러한 영원한 진리를 아예 무시하거나 단지 어렴풋이 이해하는 데 그치는 데 반해, 참된 그리스도인은 보다 분명하게 인식하고 살아가게 된다. 현재의 삶에서 누리는 일들은 즉시 우리가 확인할 수 있는 것이기 때문에 인간의 눈을 현혹한다. 하지만, 참된 그리스도인은 현세의 영광에 마음을 빼앗기지 않는다.

참된 그리스도인은 경험을 통해 영원한 것은 쉽게 눈앞에서 잊혀지고, 일시적인 것은 마치 그것이 전부인 양 그 모습을 드러낸다는 것을 알고 있다. 하지만, 그는 현세의 삶에 현혹되지 않고 하나님이 주신 올바른 생각을 가지고 미래를 준비한다. 물론, 이 말은 그가 마치 은둔자처럼 세상을 등지고 산다는 것을 의미하지 않는다. 참된 그리스도인도 세상에서 직업을 가지고 살아가며 그로 말미암는 축복을 누린다. 다만, 감사와 절제가 있는 삶을 산다는 점이 다를 뿐이다.

우리 그리스도인은 전적으로 세상에만 있는 존재들이 아니며, 세상적인 일 때문에 우리의 영혼을 포기하지도 않는다. 우리 그리스도인들은 "보이는 것은 잠간이요 보이지 않는 것은 영원함이니라"고후 4:18는 말씀을 마음속에 깊이 간직하며 산다. 참된 그리스도인은 요란하고 떠들썩한 삶의 현장 속에서 "이 세상의 형적은 지나감이니라"고전 7:31는 작고 세미한 음성을 들으며 산다.

참된 마음가짐

참된 그리스도인은 이와 같은 참된 마음가짐을 가진다. 반면에, 많은 이름뿐인 그리스도인들은 그렇지 못하다. 이름뿐인 그리스도인들은 현 세상에 몰두하여 산다. 그들은 자신들이 죽는다는 것을 알지만, 이것을 느끼지 못하며 산다. 진리가 그들의 마음 문을 두드리지만, 문을 열어 맞이하지 않는다. 이들은 이러한 마음가짐을 가지고 살기 때문에 영원한 것들이 지니고 있는 무한한 중요성을 인식하지 못하며 살아간다.

하지만, 참된 그리스도인들은 다르다. 이들은 "밤이 오리니 그때는 아무도 일할 수 없느니라"요 9:4는 말씀을 알고 있기 때문에 세파에 부딪힌다고 해서 흔들리는 법이 없이 확고하게 인생을 살아간다. 미래의 삶을 내다보는 이들은 세상의 염려와 유혹에 굴복하지 않으며, 좋은 것이든 나쁜 것이든 일시적인 것들에 결코 집착하지 않는다. 이들은 일시적인 것과 영원한 것의 가치를 비교하며 삶의 모든 어려움 속에서도 항상 침착하고 기품 있게 살아간다. 부지런히 살지만 그렇다고 해서 과도한 욕심을 부리지 않는다. 또한, 올바른 것만 추구하며, 굳이 성공하려고 무리하지 않는다. 이들은 "세상 물건을 쓰는 자들은 다 쓰지 못하는 자같이 하라"고전 7:31는 성경 말씀대로 산다.

참된 그리스도인과 이름뿐인 그리스도인의 두 번째 차이점은 다음과 같다. 참된 그리스도인은 억지로가 아니라, 자발적으로 거룩한 삶을 살아간다. 이들은 "그 길은 즐거운 길이요 그 첩경은 다 평강이니라"잠 3:17는 말씀대로 그렇게 사는 것이 안전하고 평안한 삶임을 안다. 참된 그리스도인은 줄곧 자신을 지켜 올바른 삶의 길에서 벗어나지 않도록 주의한다. 만일 그렇지 않을 경우, 다시 과거의 삶으로 돌아가게 되고, 옛것을 사랑하는 마음을 갖게 된다는 것을 그는 잘 알고 있다.

참된 그리스도인은 새롭게 된 자신의 판단과 변화된 삶을 다시 어둡게 하고 오염시키지 않도록 하기 위해 열심히 주의를 기울이고, 끊임없이 하나님의 도움을 구하며, 단호하게 자기를 부인하는 태도를 지속해 나간다. 아울러, 하늘의 일에 관한 지식과 사랑 안에서 성장해 나가기 위해 지칠 줄 모르는 노력으로 경주한다. 그는 더욱 뜨거운 마음으로 하늘의 것을 사모하고 그것을 맛보고자 애쓴다.

성경은 참된 그리스도인이 바로 이러한 삶의 태도를 갖는다고 증거한다. 주일은 하나님이 정해 주신 안식의 날이다. 참된 그리스도인은 기쁨으로 주일을 성수하지만, 이름뿐인 그리스도인들은 그렇지 않다. 그들에게 주일은 고통스러운 날이다. 주일은 하루를 온전히 하나님께 바치는 날인데도, 이에 복종하지 않는다. 그들은 이런 저런 변명을 내세워 여행을 가고, 편지를 쓰며, 장부를 결산한다.

심지어 이들은 주일에 경건한 신앙 활동을 하는 것보다는 차라리 일하는 것이 낫다고 생각한다. 주일을 성수하는 것을 고된 일로 생각하고 차라리 일을 한다. 이름뿐인 그리스도인들은 자신의 편의를 위해 주일을 어기고, 기껏해야 '신앙적인 두려움을 달래는' 정도의 날로 바꾸어 버린다. 이들에게 신앙은 위로와 기쁨이 아니라, 어두운 속박에 불과하다.

3. 인간의 존경과 칭찬을 받고자 하는 마음

또한, 인간의 존경과 칭찬을 받고자 하는 마음을 갖느냐 아니냐 하는 점에 있어서도 참된 그리스도인과 이름뿐인 그리스도인이 서로 대조된다. 아마도, 이것은 인간이 가지는 가장 보편적인 욕망이자, 인간의 삶을 지배하는 마력을 지니고 있는 욕망인 것 같다. 연령이나 성이나 신분의 고하를 막론하고 모든 인간은 다른 사람의 존경과 칭찬을 받고자 한다. 이 같은 욕망은 수천 가지 모양을 띠고 나타나며, 여러 가지 위장된 모습으로 나타난다. 노골적으로 표현하지 못하는 경우에는 은밀하게 그 모습을 드러낸다. 사람은 종종 이 같은 욕망에 온통 마음을 빼앗기고 산다.

자기를 중요하게 여기는 습성

부모들이 자기 어린 자녀들을 보면 인간은 본질적으로 칭찬을 원한다는 사실을 쉽게 확인할 수 있다. 칭찬을 원하는 이러한 마음은 세월이 지나면서 더욱 강해지고 발전한다. 자녀들은 중고등학교와 대학을 다니면서 명예로운 야심을 가져라, 경쟁에서 영예로운 승리를 거두라는 끊임없는 격려와 주문을 받으며 성장한다. 이러한 삶의 원리를 중요하게 여기는 사람들은 다음과 같은 주장을 한다. "이와 같은 원리가 없어진다는 것은 곧 물질 세계에서 운행 원리가 없어지는 것과 같다. 이것이 없이는 모든 것이 느려지고 열기도 없으며 아무 낙도 없이 변하게 될 것이다. 수치스러운 일을 피하고 사람들의 칭찬을 받는 삶을 살아야 한다는 원리를 포기하지 않는 한, 사람은 자신의 의무를 다하며 살아갈 것이다. 때로 칭찬을 좋아하는 것을 어리석고 해로운 일로 생각하는 경우도 있지만, 이것은 왜곡된 생각이다. 이 원리를 올바르게 적용하고 참된 목적에 사용한다면, 드높은 이상과 기품 있는 삶을 살아갈 수 있다. 이 원리는 인간의 불평등한 조건을 완화하고 규제해 준다."

그렇다면, 칭찬과 영예를 추구할 때 어떤 결과가 나타나게 되는가? 사람들은 주장한다. "역사와 세상에서 일어나는 일을 보라. 잘못된 칭찬과 비난이 얼마나 많은가. 다른 사람들이 어떻게 생각하든지간에 올바른 일을 하고 덕스러운 삶을 살아갈 때 더 나은 결과가 이루어진다는 것을 인정해야 한다. 우리는 결과와 상관없이 올바르게 행동하는 것을 더욱 고상한 삶의 원리라고 생각한다. 하지만, 대부분의 사람들은 이 같은 순수한 동기로 세상을 살지 않는다."

이들은 칭찬을 받으려는 동기에서 무엇을 하는 것은 '고상한 행위'가 아니라고 말한다. 하지만, 그와 같은 동기를 부여함으로써 많은 사람들로 하여금 칭찬받을 만한 행위를 하게 만들 수 있다고 주장한다. 이들은 다음과 같이 역설한다. "칭찬을 받으려는 마음은 보편적인 인간의 성향이다. 그리고, 이것으로 인해 많은 바람직한 결과들이 나타난다. 이 원리는 덕행을 실천하는 데 약한 인간에게 그것을 행할 수 있는 힘을 부여한다. 따라서, 이 원리를 무시해서는 안 된다. 이기적인 세상에서 칭찬이 사라지게 된다면 사람들은 옳고 선한 일을 하는 데 무관심해질 것이다. 대의를 위한다는 정신이 사라져 버린다면, 이 나라는 애국심을 가진 자들이 없음으로 인해서 고통을 받게 될 것이다."

칭찬의 원리는 여러 가지 다양한 본질을 지닌다. 문화에 따라, 유행에 따라, 습관과 견해에 따라, 역사의 시기와 사회에 따라, 그때마다 달라진다. 한때는 용인되었던 것이 다른 때가 되면 금기시된다. 한 나라에서 장려되는 것이, 다른 나라에 가면 비난과 단죄의 대상이 된다!

이방의 철학자들이나 시인들도 이 원리가 그때마다 달라질 수 있는 일관되지 못한 원리라는 사실을 인정한다. 그들은 거짓된 영광이 장려됨으로써 치명적인 결과가 나타날 수도 있다는 사실뿐 아니라, 이 같은 원리는 인류의 평화와 행복을 증진시켜 나가기에는 부적절함을 안다. 따라서, 이들은 그와 같은 것을 추구하는 삶을 정죄하기도 한다.

하지만, 성경은 칭찬의 원리가 지니고 있는 결함과 해악을 분명하게 지적하고 있다. 아울러, 이 원리가 인간을 잠식하는 위험한 원리라는 사실을 명확하게 드러내고 있다. 성경은 우리의 부패한 본성이 치유되어야만 이 원리를 올바로 삶에 적용할 수 있으며, 그 참된 목적에 맞게 사용할 수 있다고 가르친다.

반드시 필요한 겸손과 회개의 태도

성경은 우리는 본래 하나님의 지으심을 받은 피조물이며 그분의 은총에 의존해 있는 존재라는 사실을 여러 곳에서 가르친다. 우리는 성경에서 인간은 타락한 본성을 지닌 무가치한 존재라는 고통스러운 사실을 깨닫게 된다. 타락한 인간은 겸손과 회개의 마음 자세를 취해야 한다─ 이것만이 인간으로 하여금 창조주이신 하나님 앞에 설 수 있게 한다.

타락한 인간의 본성에는 교만한 마음과 자기를 중요하게 여기는 마음이 깃들여 있다. 우리는 이 같은 마음 자세를 억누르고 제거해 나가야 한다. 우리 자신의 저급한 천성을 향상시켜 나가는 일에 항상 관심을 기울여야 한다. 다른 사람보다 좀 나은 능력을 타고났다고 해서, 또한 도덕적으로 뛰어난 삶을 산다고 해서 교만한 마음을 품어서는 안 된다. 우리에게는 하나님의 과분한 은총을 전적으로 의지하는 것이 필요하다.

인간의 교만한 본성과 이기심, 그리고 이로 인한 악한 결과들로부터 인간을 구해 바르게 하는 것이 성경이 지향하는 큰 목적이자 목표라고 할 수 있다. 우리로 하여금 인간의 약점과 부패를 깨닫게 하는 것이 성경의 목적이다. 우리의 부패함을 깨닫게 될 때 우리는 기꺼이 겸손해질 수 있으며, 우리 자신을 드려 하나님께 영광을 돌리게 된다. "이는 아무 육체라도 하나님 앞에서 자랑하지 못하게 하려 하심이라……자랑하는 자는 주 안에서 자랑하라"고전 1:29, 31. "그 날에 눈이 높은 자가 낮아지며 교만한 자가 굴복되고 여호와께서 홀로 높임을 받으시리라"사 2:11.

하나님의 말씀을 통해 판단해 볼 때, 세상의 자랑과 칭찬을 사랑하는 행위는 근본적으로 부패한 것이라는 사실이 분명해진다. 왜냐하면, 그것은 곧 우리 자신을 높이고 크게 하는 행위일 뿐 아니라, 하나님이 주신 타고난 재능을 우리의 것으로 착각하여 영예와 공로를 우리 자신에게 돌리는 교만한 행위이기 때문이다. 칭찬을 좋아하는 마음은 영광을 마땅히 하나님께 돌리지 아니하고 자신을 높인다. 이것은 천히 여겨야 할 것을 높이는 것이기 때문에 잘못된 것이며, 하나님의 특권을 침해하는 것이기 때문에 죄악이다.

성경은 또한 인간은 실수를 저지르기 쉽다고 말한다. 그러므로, 세상은 잘못된 판단에 근거하여 칭찬할 수 있다. 뿐만 아니라, 세상 사람들은 마음이 부패하여 판단력 자체가 흐려졌기 때문에 잘못된 것을 칭찬하고 잘한 것을 경멸하는 오류를 범할 수 있다.

참된 그리스도인은 이와 다르다. 그는 관대하고 사욕 없는 마음을 가지며, 보통 사람들이 감히 생각할 수 없는 위대한 일을 열망한다. 참된 그리스도인의 탁월한 행위는 주위 사람들을 은근히 불안하게 하고 열등감을 느끼게 한다. 이런 이유로, 그는 종종 세상 사람들의 미움과 따돌림을 받는다. 물론, 그리스도인은 세상의 원칙, 체제 및 기타 세상적인 활동들과 충돌하지 않고 기독교의 교리와 계명을 지켜 나갈 수 있다. 하지만, 때로 세상의 가치들을 거스르는 삶을 살 수밖에 없다.

이런 이유에서, 그리스도를 따르는 이들은 세상의 것을 포기해야 할 때가 있다. 세상이 자신을 잘했다고 칭찬하고 치켜세우는 순간에도 참된 그리스도인은 과연 자신이 그와 같은 칭찬을 받을 만한가를 살피며 하나님께 영광을 돌린다.

그리스도인은 하늘의 것을 사랑하고, 하늘의 것을 말하는 사람들이다 – 또한, 하나님의 사랑과 은총을 받는 것을 최고로 알고 그것을 늘 구한다. 따라서, 인간의 칭찬을 받는 것을 좋지 못한 일로 생각한다. 그 이유는 칭찬은 세상의 것에 관심을 갖게 만들고, 세상의 좁은 판단을 전부로 아는 마음을 갖게 하기 때문이다. 칭찬을 바라는 마음은 순수하지 못하다 – 사람들의 칭찬을 받으려는 마음 자체는 이미 불순한 동기를 갖는다 – 따라서, 그리스도인은 칭찬을 좋아해서는 안 된다.

성경은 세상의 칭찬과 영광을 과도하게 열망하는 삶을 경계하라고 말한다. 하나님은 모든 그리스도인들이 스스로 그와 같은 삶을 완전히 포기할 것을 요구하신다. 그러면, 우리의 선행에 대해 다른 사람들의 칭찬을 들을 때는 어떻게 해야 하는가? 이러한 경우에, 즉 칭찬을 받으려고 일부러 행동하지 않았는데도 칭찬을 받게 될 경우에는 하나님께서 보상으로 주신 것으로 알고 감사함으로 받아들여야 한다. 하나님은 우리가 일상 생활에서 선을 행할 수 있는 작은 기회도 놓치지 않기를 원하신다.

사람의 칭찬과 존경을 받게 될 때는 항상 이와 같은 마음 자세로 받아들여야 한다. 또한, 칭찬 그 자체로 만족해서는 안 된다. 그렇게 될 경우에는 자기 만족에 빠질 수 있다. 오히려 칭찬을 더욱더 선한 행위를 할 수 있는 수단과 계기로 삼아야 한다. 이렇게 함으로써, 우리는 동료 인간의 행복과 발전을 위해 헌신할 수 있고, 하나님께 영광을 돌리게 된다. 동시에, 우리의 마음을 깨끗하게 지켜야 한다. 그렇지 않으면, 교만한 마음과 자기를 사랑하는 마음을 갖게 되며, 순수성을 잃게 된다. 마음의 순수성은 언제라도 쉽게 오염될 수 있다는 사실을 잊지 말아야 한다.

제한된 가치를 지닌 것에 불과한 명예

참된 그리스도인은 이 세상에서의 명예와 평판은 물질적인 부를 가지는 것과 비슷한 일이라고 생각한다. 그는 이러한 것들을 너무 높이 평가하지도 않고, 이것들을 얻으려고 지나친 관심을 기울이지도 않는다. 하나님의 섭리에 의해 이와 같은 것들이 자신에게 주어질 경우에는 감사함으로 받고 절도 있게 사용할 뿐이다. 그리고, 필요할 경우에는 언제라도 아무 불평 않고 그것들을 포기할 수 있다.

참된 그리스도인은 명예와 칭찬을 잘못 받아들임으로써 생겨나는 나쁜 결과들을 경계한다. 칭찬과 명예는 사람으로 하여금 방자한 마음을 갖게 하여 교만하게 하고 자기를 사랑하는 이기적인 유혹에 빠져들게 한다. 참된 그리스도인은 칭찬과 명예를 그 자체로 받아들이기는 하되,

그것들이 지니고 있는 위험을 경계하는 마음을 늦추지 않는다. 칭찬을 받을 때 그러한 칭찬을 받게 해주신 하나님께 영광을 돌리며 그것을 통해 인간의 행복에 이바지하고자 한다. 참된 그리스도인은 칭찬과 명예를 자기를 과시하고 드러내는 수단으로 사용하지 않을 뿐 아니라, 그 자체를 목적으로 삼지도 않는다.

물론, 성경은 인간의 자연스러운 욕구를 모두 말살해 버리라고 말하지 않는다. 다만 그 같은 욕구를 올바르게 통제하고, 바른 목적을 위해 사용할 것을 요구한다. 부와 명예는 그 자체로 죄가 아니다. 하지만, 성경은 우리의 마음을 땅의 것에 두지 말라고 명령한다. 왜냐하면 이 세상이 줄 수 있는 것보다 "더 낫고 영구한 산업"히 10:34이 우리에게 약속되어 있기 때문이다.

이렇듯, 성경은 세상의 명예를 탐하지 말고 사랑하지 말라고 가르친다. 동시에, 그러한 열정과 사랑을 다른 것에 바치라고 말한다. 다시 말해서, 성경은 우리에게 더 나은 것, 참된 영광과 영예와 불멸을 지닌 것들을 사모하라고 가르친다. 그리스도인은 하나님께 속한 자이며, 그분의 능력을 부여받은 자들이다. 성경은 그리스도인으로서 합당한 야심을 품을 것을 권고한다. 이 세상의 것들은 작고 보잘것없으며 없어질 것들이다. 이러한 것들은 그리스도인의 거룩한 야심을 충족시켜 줄 수 없음이 분명하다.

세상의 영광을 지나치게 사랑함

신앙을 고백하면서도 성경이 말하는 것과는 반대로 세상의 영광과 영예를 탐하는 그리스도인들이 많다. 이들은 일상 생활 속에서 세상의 영광을 지나치게 바라는 탓에 그것을 위해 열정을 쏟아 붓는다. 따라서, 이들은 사람들의 평판을 의식하며 그때그때 다른 행동을 취한다. 결국, 이들은 탁월한 평판과 칭찬과 존경을 받고자 하는 마음에 사로잡혀 산다. 칭찬을 원하는 것은 인류의 보편적인 현상인 것 같다.

무엇보다도, 우리는 사람들의 평판을 지나치게 중시하는 것 같다. 우리는 자신의 평판이 위험에 처하게 될 경우에는 지나치게 그것을 염려하고, 자신의 평판이 공격을 당할 때는 크게 분노하며, 자신의 평판이 손상을 입거나 잃게 되면 매우 고통스러워한다. 우리가 때때로 이러한 감정을 갖는 것은 부인하기 어려운 사실이다. 왜냐하면, 주변의 많은 사람들의 모습에서 이러한 경우를 분명하게 볼 수 있기 때문이다. 분명히, 불명예, 수치, 굴욕을 당하는 것은 생각하기에도 끔찍한 두려운 일이다. 이 같은 마음에서 벗어나는 길은 단 한 가지, 즉 넓은 마음을 갖는 것뿐이다.

사람은 수치당하는 것을 원치 않는다. 이것은 자연스러운 태도이다. 비록, 자신이 세상의 명예를 추구하려 한다거나, 또는 불명예스러운 일을 피하려 한다는 것을 공개적으로 드러내지 않는다 해도, 인간이면 누구나 세상의 평판을 가장 가치 있는 것으로 생각한다. 이러한 사실을 부인하기는 어렵다. 우리는 사람들 앞에서 수치당하는 것을 가장 큰 불행으로 생각한다.

지금까지 세상의 명예를 사랑하는 것은 올바른 일이 아니라고 충분히 역설해 왔다. 우리는 이 같은 마음을 억제해야 하고, 혹시 이러한 마음을 갖지 않을까 늘 경계해야 한다. 세상의 명예를 사랑하는 것은 고상한 행위처럼 보인다. 그렇다고 해서 그것을 추구하는 삶이 정당화될 수는 없다. 세상의 명예를 얻기 위해서는 대중의 의견에 따라 태도와 성격을 바꾸어야 하는데, 그러한 것을 얻었다고 해서 무슨 가치가 있겠는가?

참된 그리스도인의 표징은 바로 세상의 명예를 사랑하지 않는 것이라는 사실을 많은 그리스도인들이 간과하고 있는 듯하다. 오히려, 이들은 이것을 자신들의 신앙 체계 속에 포함시켜 놓고, 아무런 제한 조건도 없이 그렇게 사는 것이 옳은 것처럼 역설한다. 이들은 재물을 사랑하는 것은 더럽고 추한 것이라고 역설하면서도, 명예를 사랑하는 것은 고상한 것처럼 권장한다. 세상의 칭찬을 좋아하는 것은 세상의 것을 사랑하게 하고, 마음을 하나님께로부터 멀어지게 만드는 것이라는 사실을 알지 못한다.

기독교는 피상적인 외양에 만족하지 않고 내적 동기를 바르게 하고 마음을 깨끗하게 하는 것에 강조점을 둔다. 이것이 바로 기독교의 위대함이다. 참된 그리스도인은 성경이 가르치는 대로 인간의 칭찬과 존경을 갈망하는 마음을 억제하고 자신의 마음을 굳게 지킨다. 그는 하나님의 도움 없이는 부족할 수밖에 없음을 알고 부지런히 그분의 도움을 간구한다.

참된 그리스도인은 세상의 영광을 바라는 욕망이 마음속에 침투하지 않도록 주의를 기울인다. 그는 자신이 조금이라도 그러한 마음을 갖게 되면 기독교의 참된 삶의 정신을 위배하게 된다는 것을 안다. 그는 늘 깨어 기도한다. 참된 그리스도인은 겸손히 하나님의 도움을 구하며 자신의 약점과 부족함을 찾아 고치고자 한다. 그는 자신이 얼마나 무가치한 존재인가를 깊이 마음에 새긴다. 따라서, 사람들로부터 칭찬을 받을 때마다 그것이 자신의 것이 아님을 고백한다. 그는 자신에게 주어진 칭찬은 하나님의 도움 때문이라는 사실을 결코 잊지 않는다.

이렇듯, 참된 그리스도인은 인간의 평판과 칭찬이 지니는 진정한 의미를 분명히 안다. 그는 세상의 평판에 지나친 가치를 두지 않기 때문에 그것을 탐하지 않는다. 그는 하나님께서 자격도 없는 자신에게 칭찬받을 수 있는 은혜를 주셨다는 사실을 잊지 않으려고 애쓴다.

적당한 칭찬은 상호 신뢰와 애정을 돈독하게 해주기도 한다. 하지만, 선한 사람에게서 칭찬을 들을 때에도, 참된 그리스도인은 그것을 과대평가하지 않는다. 그는 칭찬의 소리보다는 자신이 느끼는 양심의 소리에 더욱더 귀를 기울인다. 그는 상대방이 어떤 동기로 칭찬하는지를 곰곰이 생각함과 동시에 칭찬을 받아들이는 자신의 마음을 헤아려 살핀다. 그는 서로의 상황을 정확하게 이해하지 못하기 때문에 – 심지어 선한 사람들조차도 – 자신과 자신의 행위에 관해 잘못 판단할 가능성이 있다는 점을 기꺼이 인정한다. 참된 그리스도인은 비록 사람들이 알아주지 않는다 해도 양심이 명령하는 바에 충실히 따른다.

이처럼, 참된 그리스도인은 선한 사람들이 하는 칭찬도 멀리하고자 한다. 따라서, 일반 세상 사람들로부터 칭찬을 받을 때는 더욱더 조심한다. 물론, 그가 자신은 무익한 도구로서 사람들에게 좋은 영향력을 끼칠 수 없다고 생각하기 때문에 그렇게 하는 것은 아니다. 다만, 사람들의 칭찬에 마음을 빼앗기지 않으려고 할 뿐 아니라, 칭찬을 얻으려고 애쓰지 않을 뿐이다.

참된 그리스도인은 세상으로부터 좋은 평판을 받는 것을 이용하여 편견을 제거하고, 선한 일을 도모하며, 진리가 방해를 덜 받고 진보되어 갈 수 있도록 힘쓴다. 참된 그리스도인은 사람들이 자신을 환영하고 사랑할 때, 이것을 통해 유익한 일들을 추구해 나간다. 다시 말해서, 선한 삶을 도모하기 위해서 사람들의 협력이 필요한 경우에는 기꺼이 자신을 인정하고 사랑해 주는 사람들의 힘을 규합한다.

이처럼, 참된 그리스도인은 자신의 좋은 평판을 이용하여 보다 큰 목적을 이루어 가려고 애쓴다. 그것을 통해 복음을 전파하고 덕스러운 삶을 증진시켜 나가며, 인류의 행복과 복지를 위해 이바지한다. 그는 자신의 평판을 유지하려고 성경의 계명을 어기는 일은 결코 하지 않는다. 그는 '결과만 좋으면 방법은 악해도 괜찮다.'는 식의 위험한 착각에 빠지지 않는다. 오히려, 자신의 평판을 잃었으면 잃었지 그것을 유지하려고 선을 포기하지는 않는다.

참된 그리스도인이 자신을 변호하는 방법

우리는 다니엘의 삶 속에서 참된 그리스도인의 모습을 보게 된다. 성경은 "이 다니엘은 그 하나님의 율법에 대하여 그 틈을 얻지 못하면 그를 고소할 수 없으리라"단 6:5고 말한다. 다니엘은 사람들 앞에서 흠 없는 삶을 살았다. 그가 다른 사람들에게 나쁜 평판을 받았다면, 그것은 그 자신이 잘못을 해서가 아니라 세상의 잘못된 판단과 기준 때문이었다.

참된 그리스도인의 경우도 마찬가지이다. 세상이 자신을 잘못 평가하고, 자신의 행위를 잘못 이해하더라도 그는 결코 의기소침하지 않는다. 왜냐하면, 나중에 사람들이 자신의 결백을 알게 되는 때 모든 것이 바르게 될 것임을 믿기 때문이다. 그는 자신의 진실을 솔직하게 설명하고, '사랑으로 진리를 말함으로써' 자신에 대한 세상의 오해를 해결한다.

물론, 참된 그리스도인도 부당한 비난을 받을 때 자신의 결백을 공개적으로 옹호해야 할 필요가 있다. 하지만, 그러한 순간에도 지나치게 자신의 의를 드러냄으로써 기독교의 진리와 정신에 흠이 가는 일이 없도록 더욱더 주의를 기울인다. 다시 말해서, 그러한 순간에도 자신에 대한 세상의 평판에 그렇게 지나친 신경을 쓰지 않는다. 그는 자신을 변호해야 할 필요가 있다면, 차분하고 평화롭게 그 일을 처리한다. 자신의 변호가 혹시 가시적인 결과를 만들어 내지 못할지라도 크게 개의치 않는다.

세상에 대한 승리

그리스도인은 세상을 이겨야 할 거룩한 소명을 받았다. 세상을 이기기 위해서는 설사 세상의 잘못된 평판을 받게 되더라도 개의치 않는 태도가 필요하다. 그리스도인은 신앙의 선배들이 세상의 '희롱을 받았다.'는 사실을 기억해야 한다히 11:36. 주님께서도 "멸시를 받아서 사람에게 싫어 버린 바"사 53:3 되셨다.

참된 그리스도인은 세상으로부터 이와 같은 대우를 받기 마련이다. 혹시 신앙 때문에 세상의 푸대접을 받는다 해도 그것을 과하다고 생각하지 말아야 한다. 그러므로, 만일 세상에서 좋은 평판을 받게 된다 해도 그것을 당연한 것으로 생각해서는 안 되는 것이다. 참된 그리스도인은 곧 사라져 버릴 일시적인 평판에 마음을 빼앗기지 않도록 더욱 조심한다. 그는 자신이 수치를 당할 수도 있으며, 세인의 기억 속에서 완전히 사라지게 될 가능성도 있다는 점을 늘 염두에 둔다. 따라서, 이와 같은 일이 닥치더라도 놀라지 않는다.

참된 그리스도인은 '명예는 하나님으로부터 온다.'는 사실을 믿는다. 따라서, 인간의 칭찬을 받으려고 그렇게 애쓰지 않는다. 그는 인간으로부터 오는 칭찬이나 비난의 소리가 마음속에서 차분해질 때까지 자신을 다스린다. 세상의 소란함에 도취되어 양심의 소리를 듣지 못하는 우를 범하지 않는다. 세상 사람들의 눈은 땅의 것에 온통 사로잡혀 있고, 그들의 귀는 세상의 일들을 향해 활짝 열려 있다. 하지만, 참된 그리스도인은 썩지 않을 빛나는 면류관을 바라본다. 그의 귀는 세상의 소란함 속에서도 하늘의 곡조를 듣는다!

참된 그리스도인은 늘 시간을 정해 놓고 기도와 묵상을 하는 시간을 갖는다. 이러한 시간을 통해 그는 하늘의 것을 생각한다. 그런 연후에, 다시 이 낮고 복잡한 세상의 삶 속으로 내려온다. 그리고, 그는 묵상의 시간을 통해 받은 은혜를 마음속에 간직하고 살아간다. 그는 이런 식으로 보이지 않는 하나님 나라를 앙망하며 살아간다.

탁월한 일을 성취했을 때의 위험

그리스도인은 특히 탁월한 일을 성취했을 때 위험에 빠질 소지가 많다. 사람들이 그의 탁월함을 칭찬할 때 본래의 순수한 동기를 잃고 점차로 자기도 모르게 오염되어 사람들의 칭찬을 좋아하게 될 가능성이 높다. 성경은 "이같이 너희 빛을 사람 앞에 비춰게 하여 저희로 너희 착한 행실을 보고 하늘에 계신 너희 아버지께 영광을 돌리게 하라"마 5:16고 말한다. 이러한 성경의 명령에 복종하여 사람들에게 좋은 영향을 끼치는 순간에도 자칫 잘못하면 사람들의 칭찬을 좋아하게 되는 오류에 빠질 수 있다.

참된 그리스도인은 작은 일에든 큰 일에든 항상 자신을 지킨다. 그는 인간의 본성에는 칭찬을 좋아하는 마음이 깊이 뿌리 박혀 있어서 어느 순간에라도 그 영향을 받을 수 있다는 사실을 잘 안다. 그는 자신의 신앙 안에도 이 같은 성향이 숨어 있음을 발견한다. 이러한 성향은 때로 매우 은밀하여 판단하기가 애매 모호한 경우가 많지만, 그럼에도 불구하고 여전히 그 영향력을 발휘하고 있음이 사실이다. 세상 사람들과의 외적인 차이, 즉 신앙을 가지고 있다는 것만으로 안심해서는 안 된다. 그리스도인은 자신의 본래의 의도가 무엇이었는지를 진지하게 생각할 줄 알아야 한다. 이렇게 하지 않을 경우에는 자기도 모르는 사이에 세상의 평판에 민감해지고, 신앙을 가졌다는 것이 '단지 간판에 불과한 것'으로 전락하여 점차로 그 생명력을 잃게 된다.

하늘의 것에 대한 사랑

하나님의 말씀에 순종하는 삶을 살기 원하는 사람들은 하나님이 질투하시는 하나님이심을 알아야 하며, 늘 깨어 있는 자세로 자신의 마음을 세세히 살펴야 한다. 자신의 참 모습을 바로 보려면 이와 같은 일을 게을리 해서는 안 된다. 무엇보다도 겸손한 자세로 하나님의 도우심을 구해야 한다. 이렇게 할 때, 세상의 영예와 칭찬이 헛됨을 알 수 있으며, 항상 '명예는 하나님께로부터 온다.'는 것을 믿는 삶을 살아갈 수 있다.

사실, 신자는 사람의 칭찬을 받는 것보다 하늘의 것에 마음을 두어야 한다. 그렇지 않으면, 세상의 불명예와 수치를 당할 때 그 압박감을 견디지 못하고 굴복하게 된다. 명예에 관심을 두지 않는 것과 불명예를 견디는 것은 큰 차이가 있다. 세상의 명예를 사랑하지 않는다고 해서 꼭 불명예를 견딜 수 있다고 보장할 수 없다. 절제하는 마음과 고요한 삶의 자세만 있으면 세상의 명예에 관심을 두지 않는 삶을 살 수 있다. 하지만, 불명예를 견디는 것은 많은 훈련을 필요로 하며, 점차로 얻어질 수 있는 것이다. 세상의 평판에 관심을 두지 않는 삶을 산다고 해서 자랑할 것이 없다. 불명예와 수욕을 당하게 되는 경우에도 과연 믿음의 자세를 유지할 수 있는가를 생각해 보아야 한다.

덫을 주의하라

이러한 삶의 길을 걸어나갈 때, 우리 앞에 놓이게 되는 덫을 주의해야 한다. 자칫 잘못하면 스스로 속아 넘어갈 수 있다. 물론, 인간은 칭찬에 매우 약한 성향을 지니고 있음을 올바르게 이해해야 할 필요가 있다. 성경에는 이와 같은 사실을 보여 주는 말씀들이 많이 있다. 이러한 말씀들에 비추어 스스로의 마음과 삶을 면밀하게 살펴봄으로써 자신에게 이 같은 성향이 얼마나 있는지를 헤아려 보아야 한다. 하지만, 그렇다고 해서 종교적인 명상에 지나치게 빠져 일상의 의무를 게을리 하는 일이 없도록 주의해야 한다. 세상의 명예에 관심을 갖지 말아야 하지만, 그렇다고 늘 자신의 마음만 살피며 게으른 생활을 해서는 안 된다. 비록 우리가 명예를 소유해선 안 되더라도 그것을 받을 가치는 있어야 한다는 것을 결코 잊지 말아야 한다.

인정을 받든 받지 못하든 우리는 이러한 기독교적인 삶의 원리를 지켜 나가야 한다. 하지만, 이 원리를 참되게 지켜 나가려면 보통 마음가짐으로는 되지 않는다. 그 이상의 굳은 결심이 필요하다. 그러면서 동시에, 사랑과 겸손을 잃지 않아야 한다.

겸손한 삶을 살면 자연히 세상의 평판에 그렇게 민감하지 않게 된다. 따라서, 세상의 평판에 관심을 갖지 않기 위해서는 겸손한 태도를 지니는 것이 또한 필요하다. 겸손한 태도를 지닐 때 과시하려는 욕망도 사라지고, 사람들의 이목을 끌려고 하기보다는 오히려 피하게 된다. 비록 다른 누구보다도 칭찬받을 권리가 있다고 생각된다 해도, 겸손한 사람은 그것을 드러내지 않고 아무렇지도 않은 듯 생각한다. 그러므로, 교만한 마음이 자리 잡을 틈이 없게 하라. 교만한 마음을 갖는 한, 어떤 경우에는 '명예가 실추됨으로써 오는 심한 모멸감'을 결코 견디어 낼 수 없게 된다.

잘못된 자기 극기

사랑과 겸손을 지닐 때 우리는 균형 잡힌 생각을 지니게 된다. 즉 사심 없이, 영예를 갈망하는 삶을 살아감과 동시에 세상의 영광을 지나치게 경멸하는 잘못된 생각에서도 벗어나게 된다. 사실, 세상의 영광을 지나치게 경멸하는 태도는 게으르고, 육적이며, 이기적인 생각에서 비롯된 것일 수 있다.

또는, 자신이 사람들의 존경과 칭찬을 받을 만한 인물이 못 될 때 그렇게 할 수 있으며, 야심을 성취하고 영광을 얻으려는 계획이 좌절되어 실망했을 때도 그럴 수 있고, 세상으로부터 칭찬이나 존경을 받아 본 경험이 별로 없는 것에서 오는 것일 수도 있다.

이러한 경우에 속한다면, 세상의 칭찬과 평판에 아무리 관심을 두지 않는다 해도 사실은 참되고 진실한 것이 못 된다. 이러한 경우에는 세상의 영광을 겉으로는 거부할지 몰라도, 마음속으로는 지나치게 바랄 수 있다. 이런 사람은 자기에게 칭찬이 주어지면 언제 그것을 부인했는가 하는 듯한 태도를 취한다.

결국, 세상의 영광을 바라지 않는 척하면서 자신의 부패한 속마음을 감추는 것이다. 사실, 이들은 오히려 간절히 바라면서 초조한 마음으로 그렇게 표현하는 것뿐이다.

참된 그리스도인은 이 같은 성품을 지니지 않는다. 참된 그리스도인은 노골적으로 세상의 영광을 탐하지도 않고, 나태함 때문에 탁월한 것을 거부하지도 않으며, 세상의 모든 것을 경멸하는 교만한 태도도 취하지 않고, 좌절된 야심 때문에 애써 초연한 척하지도 않는다. 에피쿠로스 학파의 사람들은 세상의 영예를 우습게 여기는 철학을 펼쳤다. 하지만, 그들의 철학은 이기심과 교만과 냉소로 가득한 것이었다. 참된 그리스도인이 세상의 영광을 거부하는 것은 이것과는 다른 태도이다.

참된 그리스도인의 성품에는 단호함, 만족감, 평화, 사랑이 깃들여 있다. 친절과 예의를 통해 이와 같은 성품이 흘러나온다. 그의 친절은 겉치레가 아닌 참된 친절이며, 그의 예의는 거짓되거나 피상적인 것이 아니라 마음에서 우러나오는 진지한 것이다. 그는 남의 칭찬과 존경을 받을 경우에도 그것에 도취되거나 무례히 행하지 않는다. 반대로 남이 알아주지 않는다고 해도 낙심하거나 한탄하지 않는다. 줄곧 똑같은 태도를 지니고, 항상 관대함을 베풀며, 거칠지 않으면서 단호하고, 게으르지 않고 부지런하다.

이 주제를 너무 길게 다루지 않았나 싶다. 하지만, 그만한 이유가 있다. 이는 오늘날 우리 사회의 지배층 사람들에게 인간의 칭찬을 좋아하는 이 위험하고 비기독교적인 성향이 만연되어 있는 것을 보게 되는 탓이다. 참으로, 남의 칭찬과 존경받기를 좋아하는 것은 교만이 나타나는 가장 일상적인 형태 가운데 하나이다.

4. 참 신앙을 유쾌한 생활 태도와 일로 대체하는 잘못

이 밖에도, 참 신앙에 해를 입히는 보편적인 잘못이 또 하나 있다. 그것은 즐겁고 유익한 삶을 사는 것이 곧 신앙적인 삶이라고 생각하는 태도이다. 사람들은 하나님을 사랑하고 그분을 경외하는 신앙을 이러한 삶의 태도로 대체해 버린다.

사람들은 다음과 같이 생각한다. 즉 친절하고 상냥한 태도(다시 말해 남을 동정하고 호의를 베풀며 관대하게 대하는 마음)를 지니고, 가정 생활과 사회 생활에 필요한 의무를 충실하게 이행하며, 무엇보다도 열심히 일에 종사하며 사는 것이 신앙적인 삶을 사는 것이라고 생각한다. 따라서, 많은 사람들은 다음과 같이 주장한다. '이러한 삶의 태도와 신앙 생활이 무슨 차이가 있나요? 만일 차이가 있다면 그것은 실제적이고 본질적인 차이가 아니라, 단지 비논리적이고 말의 차이에 불과할 것입니다. 말하자면, 사실은 행위와 신앙의 차이일 뿐이지요. 사실 그릇된 열정을 바로잡고, 폭력을 억제하며, 욕망을 조절하고, 올바른 열망을 갖게 하며, 서로 친절하고, 동정을 베풀고, 용서하게 만드는 것이 바로 신앙의 큰 목적이자, 특히 기독교 신앙의 위대성이 아니겠어요? 신앙이란 곧 우리를 좋은 남편, 좋은 아버지, 좋은 친구가 되게 하는 것이 아니겠어요? 우리로 하여금 유익하고 활동적인 시민으로 만드는 것이 아니겠냐구요? 만일 이것이 목적이라면 수단에 관해서 굳이 왈가왈부할 필요가 없지 않겠습니까?'

이와 같이, 사람들은 도덕으로 신앙을 대체하려 든다. 이것은 큰 잘못이다. 이러한 도덕성을 내세워 신앙 문제에 있어서 자신을 만족시키려

든다. 하지만, 이는 지극히 피상적이고 서투른 생각이 아닐 수 없다. 성경의 권위를 인정하는 사람이면 누구나 이러한 견해가 부분적으로는 설득력을 지니고 있지만, 잘못된 것이라는 점을 금방 알 수 있다.

더욱이, 이 견해는 인간의 관대하고 선한 품성이 지니고 있는 도덕적인 가치를 지나치게 과신한다. 사람들은 일반적으로 이러한 성품들이 좋은 것이라고 인정하고 받아들이기 때문에 우리는 아무런 의심도 하지 않고 이에 동의하게 된다. 하지만, 이러한 성품들은 대중 앞에서 자신을 선하게 보이려고 쓴 가면에 지나지 않는다. 대중 앞에서 좋은 성품과 태도를 보이는 사람이 있다면, 그가 자신의 집에서 어떠한 태도로 살아가는지 지켜 보라. 아마도, 이기심과 분이 가득하여 독재자처럼 비인간적으로 가족들을 괴롭히는 모습을 발견할 수 있을 것이다.

거짓 관대함

어떤 사람들은 좋은 성품을 지니고 사회에 유익한 삶을 사는 것으로 참 신앙을 대체하려고 한다. 이러한 태도는 지나친 경향이 있다.

우리는 관대한 마음을 비롯하여 친절하고 유순하며 사심 없는 생활 태도를 좋게 여긴다. 이 같은 마음과 태도를 지닌 사람은 사람들의 기쁨과 슬픔을 이해하고, 다른 사람에게 관심을 보이며 예의를 잃지 않는 삶을 산다. 이러한 사람은 사회 생활이나 가정 생활에 조화와 위로를 가져온다.

하지만, 자격도 없는 신임을 얻기 위해 이러한 성품을 소유하고 있는 척하는 사람들이 많다. 그들은 속으로는 이와 정반대 되는 성품을 가지고 있으면서 겉으로 사람들 앞에서는 가면을 쓴다. 그 가면을 벗기고, 겉으로 드러나 보이는 상냥함과 예절 있는 행위 뒤편에 숨어 있는 진정한 모습을 보려면, 눈치채지 못하게 그들이 살고 있는 가정을 가만히 들여다보라. 그러면, 이기심과 분이 가득하여 마치 폭군처럼 불쌍한 가족들을 괴롭히는 모습을 보게 될 것이다. 그 가족들에게 물어 보면, 사람들이 그들에 관해 알고 있는 것과는 정반대의 말을 듣게 될 것이다.

타고난 관대한 성품의 나약함

물론, 인간이 지닌 관대한 성품이 참된 것일 수도 있다. 이럴 경우, 관대한 성품은 인간이 지니고 있는 다른 도덕적인 자질보다 더욱 아름답고 뛰어난 자질이라고 생각할 수 있다. 하지만, 인간이 지니고 있는 관대한 성품은 매우 나약한 것이다. 그것이 사전 훈련을 통해 정신적으로 성숙되지 않은 것일 경우에는 더욱 그렇다. 그저 타고난 관대한 성품만으로는 일시적인 동정심에 빠질 수도 있고, 참된 분별력을 지니지 못할 수도 있으며, 나태한 습성에 빠지거나, 지키지도 못할 장담을 하는 오류를 저지를 수 있다. 어려움과 위험에 직면해서도 인내하며 힘있게 남을 위해 봉사하는 삶을 살아갈 수 있는 인격적인 힘을 지닐 수 있어야 하지만, 그저 타고난 관대한 성품만으로는 그 같은 능력을 발휘할 수 없다. 단호한 마음 없이 상냥하고 관대하기만 하면 오히려 어리석음과 악을 부추기게 된다. 다시 말해서, 이 같은 성품을 가진 사람은 비록 잘못을 저지르는 일에 동참하지는 않는다 해도 그것을 눈감아 줌으로써, 악을 조장할 가능성이 많다.

진리와 이성의 관점에서 볼 때, 좋은 것이 좋다는 식의 관대한 마음만을 가질 경우에는 좋은 행정가, 부모, 친구가 될 수 없다. 행정가와 시민,

부모와 자식, 친구와 친구 사이의 관계를 바르게 유지하기 위해서는 관대한 마음 이외에도 다른 요소들이 많이 필요하다. 모든 것을 용인하는 유순한 태도만을 가지고서는 그러한 관계들을 건실하게 이끌어 나갈 수 없다. 오히려, 그러한 성품은 이기적이라고 할 수 있다. 왜냐하면, 그러한 성품의 내면에는 힘든 노력은 하지 않겠다는 마음이 도사리고 있기 때문이다. (참된 선은 항상 희생을 무릅쓰는 법이다!) 또한, 다른 사람들의 비위를 거스름으로써 자신에 대한 좋은 이미지를 버리게 될 것을 우려하여 필요한 때에도 단호한 충고나 질책을 하지 않으려는 마음에서 비롯된 것일 수 있기 때문이다.

타고난 관대한 성품의 사이클

이같이 나약한 성품은 참 신앙에 뿌리를 두고 있는 것이 아니기 때문에 쉽게 상처 입거나 오래가지 못한다. 세상을 살다 보면 상처 입을 때도 많고, 충격받을 일도 많다. 이러한 상처와 충격을 감내하고 극복하기 위해서는 견실하고 굳센 성품을 갖는 것이 필요하다. 하지만, 그저 관대하기만 한 성품에는 이러한 요소가 결여되어 있다. 세상을 살아갈 수 있는 성품은 "오래 참고……온유하며……성내지 아니하며……모든 것을 참으며……모든 것을 견디는"고전 13:4, 5, 7 그리스도인의 사랑뿐이다.

인생이라는 것이 모두 젊었을 때는 자신감과 젊음과 열정적인 소망을 가지고 시작하지만, 나이가 들어감에 따라 목적했던 바가 좌절되고 꿈이 사라지기 마련이다. 이러한 인생 속에서 인간의 이기심을 경험하는 순간 처음에 느꼈던 관대하고 친절한 마음은 이내 수그러들게 된다. 처음에 품었던 애정과 관심은 점차로 엷어지게 된다.

무엇보다도, 감사할 줄 모르는 인간의 모습에 실망하게 되고, 결국 처음에 가졌던 관대한 마음이 차갑게 식어 버린다. 결국, 인생을 살아감에 따라 우리 안에 잠재해 있던 냉혹한 마음은 고개를 내밀고, 부드럽고 다정다감하던 것이 점차 잔인하고 냉정한 폭군으로 변하게 된다.

열심히 선을 행하는 것

유익한 삶을 사는 것도 앞의 경우와 마찬가지이다. 선을 행하는 것도 지나치게 과장되어 포장되기 쉽다. 활동하기 좋아하고 바쁘게 일하기를 좋아하는 성품을 타고난 사람이 있기 마련이다. 또한, 이렇게 함으로써 명예를 얻기를 좋아하는 사람들이 있다.

'유익한' 삶을 살도록 장려하는 것이 종교의 목적이라고 한다면, 이러한 삶을 가리켜 '종교적'이라고 할 만하다. 하지만, 사람들의 행위를 엄격하게 따져 보면, 그곳에는 진정한 선의가 결여되어 있는 것을 발견할 수 있다. 만일 진정으로 선한 의도에서 그와 같은 행위를 했다면, 그러한 행위와 다른 사람들에게 미친 영향을 통해 그 모습들이 나타났을 텐데 사실은 그렇지 못하다.

관대한 성품이나 유익한 인생을 사는 것은 좋은 것임에는 틀림없다. 하지만, 이러한 것들이 하나님을 사랑하고 경외하며 그분의 영광을 구하는 믿음의 삶을 대신할 수 있는가?

그럴 수 있다고 대답한다면, 그것은 두 번째 계명에 복종하기 위해 크고 첫째 가는 계명을 포기하게 하는 것과 마찬가지이다. 하지만, 참 종교는 그와 같은 의무를 혼동하지 않는다. '종교적인' 계명들을 엄격하게 지킴으로써 약탈과 불의가 만연한 인간의 삶을 개선하려고 노력해 온 사람들이 많다. 이러한 사람들은 스스로 속아 자신들의 모순을 보지 못한다.

물론, 이 같은 말은 자신들의 주장을 오해한 부당한 판단이라고 말할지도 모른다. 이들은 인간을 위해 유익한 삶을 사는 사람은 하나님을 향한 의무를 다하지 않아도 용서받을 수 있다는 의미가 아니라고 주장한다. 다만, 인간을 위한 의무를 이행할 때 그것이 직접 하나님을 향한 의무를 이행하는 것은 되지 않더라도 결국에는 하나님이 원하시는 것을 행하는 것이기 때문에 그분께 대한 종교적인 의무를 이행하는 것과 마찬가지가 아니겠느냐는 의미일 뿐이라고 말한다.

하나님 중심의 삶

하지만, 이러한 주장에 대해 성경의 입장은 분명하고 명료하다. 하나님을 사랑하고 경외하며, 겸손하고 감사하는 마음으로 예배를 드리고 그분을 섬기라는 것이 성경의 명령이다. 성경은 하나님을 우리의 아버지이자 은혜를 베푸시는 만유의 주재로 인정할 것을 명령한다. 따라서, 우리는 마땅히 하나님을 사랑하고 경외하며, 감사와 충성을 바치는 태도를 가져야 한다. 그 누가 이 같은 성경의 분명한 명령을 부인할 수 있겠는가? 그 누가 무한한 지혜를 담고 있는 성경의 이 같은 명령을 무시하고 경멸할 수 있겠는가? 이 같은 분명한 의무를 게을리 하고서도 결백을 주장할 수 있는 사람이 있을까? 어떻게 수단과 목적을 바꿀 수가 있겠는가?

따라서, 유익한 삶을 살면 그만이라는 주장은 무례한 신성모독이자, 결국에는 모든 도덕적인 의무를 하나씩 잠식해 버리는 빌미를 제공할

소지가 높다.

조금만 정직하게 생각하면 이 같은 주장이 얼마나 잘못인가를 알 수 있다. 영혼이 없는 몸이 있을 수 없다. 결국, 이것은 행위에 생명을 공급하고 그것이 이루어지게 하는 원리를 버리는 것과 같다. 기독교는 '마음의 동기를 주관하는 종교'이다. 기독교의 실천은 바로 기독교의 원리에서 비롯된다. 하나님은 "신령과 진정으로"요 4:23 예배를 받아야 할 뿐 아니라 우리가 순종해야 할 존재이시다.

잘못된 비교

또 다른 잘못된 주장을 제기하는 사람들이 있다. 이들은 상냥하고 유순한 기질을 타고난 불신자와 거칠고 엄격한 성품을 타고난 신자를 비교하려 든다. 또, 부지런히 유익한 활동을 하기 좋아하는 불신자와 게으름을 타고난 신자를 비교한다. 이들은 이 같은 비교를 통해 자신들의 생각을 도출해 낸다.

하지만, 이것 역시 부당한 생각이다. 서로 비슷한 성품을 타고난 신자와 불신자를 비교해야 공평하다. 또, 한두 가지 사례를 언급하지 말고 전체적인 비교를 해야 한다. 그러면 결국 참된 신앙은 인간으로 하여금 관대한 마음을 지니고 사회에 유익한 봉사의 삶을 살게 만든다는 사실을 인정하게 될 것이다. 신앙을 갖기 이전에 전혀 이와 같은 삶을 살지 않던 사람이 신앙을 가진 이후에 변화된 삶을 사는 경우가 비일비재하다. 그리고, 이미 이와 같은 성품과 생활 태도를 타고난 사람일 경우에는 신앙을 통해 한층 더 관대해지고 유익한 삶을 실천해 나가게 된다. 신앙은 상냥한 성품을 더욱 상냥하게 하고, 유익한 것을 더욱 유익하게 하며, 마음의 태도와 삶을 더욱 진실하고 일관되게 한다.

따라서, 참된 그리스도인들은 이들의 주장이 잘못되었음을 더욱 분명히 하기 위해 매사에 올바른 삶의 태도를 지녀야 할 책임이 있다는 것을 기억해야 한다. 이렇게 할 때, 신앙의 원수들에게 비판의 빌미를 제공하지 않게 된다. 성경은 부드러운 성품을 가지고, 남을 동정할 줄 알며, 부지런하고 유익한 삶을 살라고 명령한다. 그리스도인은 "위로부터 난 지혜"를 가진 삶을 살아야 한다. 그것은 곧 "성결하고 다음에 화평하고 관용하고 양순하며 긍휼과 선한 열매가 가득한" 약 3:17 삶이다.

독선적이고, 강폭하며, 잔인했던 박해자가 그 누구보다도 솔직하고, 부드러우며, 자상하고, 사랑이 넘치는 인격의 소유자로 변하게 된 모습을 볼 때, 인간을 변화시키는 신앙의 능력을 과연 어떻게 부인할 수 있겠는가? 또한, 그리스도를 보라. 그분은 "두루 다니시며 착한 일을 행하셨다" 행 10:38. 이러한 주님의 모습을 본받을 때, 우리는 "선행으로 어리석은 사람들의 무식한 말을 막게" 벧전 2:15 된다. 따라서, 우리는 그리스도에 관한 교리를 믿을 뿐 아니라 그에 따르는 삶을 살아야 한다. 성경은 "이같이 너희 빛을 사람 앞에 비춰게 하여 저희로 너희 착한 행실을 보고 하늘에 계신 너희 아버지께 영광을 돌리게 하라" 마 5:16고 말한다.

거칠고 엄격한 사람

만일 자신이 거칠고 엄격한 성품을 타고난 사람이라고 생각되더라도 낙심하지 말라. 사실, 이 같은 성품 때문에 절망감에 빠질 때도 있고, 작은 성공에도 교만한 마음을 가질 때가 있다. 하지만, 낙심 말라. 못된 성질을 타고났고 언행이 거친 품성을 지녔다고 해도 실망하지 말라. 성경은 하나님께서 "굳은 마음을 제하고 부드러운 마음을 주신다"겔 11:19고 말한다. 그리고 하나님께서 은총을 베푸셔서 그러한 성품을 고쳐 주시기를 실망하지 말고 열심히 기도하라.

악한 마음이 생기더라도 이에 굴복하지 않도록 조심하라. 신앙과 덕행을 위해 열심을 내는 척하면서 자신의 이러한 성품을 계속 유지하며 변명하지 않도록 해야 한다. 또한, 자신에게 엄격해야 한다. 스스로를 속이지 말고 진실한 친구의 도움을 청하여 그에게 솔직히 모든 것을 고백하라. 거칠고 유치한 기질은 '그리스도의 온유하고 부드러운 성품'과 정면으로 배치되는 것임을 늘 의식하라.

그리스도인들은 "모든 악독과 노함과 분냄과 떠드는 것과 훼방하는 것을 모든 악의와 함께 버려야 한다"엡 4:31. 또한 "모든 사람을 대하여 온유해야 하며"딤후 2:24, '오래 참고 용서하며 부드러운 마음'을 가져야 한다. "누구든지 스스로 경건하다 생각하며 자기 혀를 재갈 먹이지 아니하고 자기 마음을 속이면 이 사람의 경건은 헛것이라"약 1:26는 야고보 사도의 말을 기억하라.

사랑의 특징 가운데 하나는(사실, 사랑이 없으면 제아무리 그리스도인이라고 주장해도 다 소용없다) '무례히 행치 않는 것'이다고전 13:5. 이것은 그리스도인이라는 당신의 신분이 걸려 있는 문제다. 그리스도인이라는 이름에 먹칠하는 일이 없도록 조심하라. 무례한 행동은 당신의 신앙과 인격에 대해 상대방에게 나쁜 인상을 심어 줌으로써 '형제를 걸려 넘어지게' 한다. 결국, 이것은 그리스도의 복음을 방해하는 결과를 낳게 된다.

그러므로, 그리스도인으로서 가져서는 안 될 나쁜 기질이나 성품이 이기심과 교만을 통해 밖으로 드러나지 않도록 늘 경계해야 한다. 사실, 이러한 기질과 성품은 교만함과 이기심에 그 뿌리를 두고 있으므로 이 뿌리를 제거함으로써 이러한 부정적인 성품과 기질을 극복하도록 노력해야 한다.

아울러, 좋은 기질과 성품을 타고난 사람들이 신앙을 가지고 있지 않다고 해서 굳이 깎아 내리고 지나치게 폄론하는 것도 좋지 않다. '그러한 자들도 그에 합당한 보상을 받게 된다.' 즉 내적인 만족을 얻고, 가정과 사회 생활에서 성공을 거두며, 개인적으로나 공적으로 사람들의 사랑과 존경을 받는다. 하지만, 신앙이 없기 때문에 그들은 "천국에 들어가지 못한다"마 5:20.

믿음과 행함이 일치하는 참된 그리스도인은 자신의 마음과 삶을 하나님께 바친다. 그는 오직 하나님을 알고, 그분의 뜻을 행하며, 그분의 영광을 구하고자 하는 마음으로 믿고 행한다. 이러한 믿음과 삶이 없다면 아무리 뛰어난 삶을 산다고 해도 그리스도인이라고 불리기에 합당치 않다.

그리스도인이 빠질 수 있는 위험

그리스도인의 길에는 많은 위험이 놓여 있다. 예를 들어, 아무 것도 하지 않고 아무런 유익도 끼치지 못하는 삶을 사는 경우도 있을 수 있고, 또 신앙의 힘이자 본질이라고 할 수 있는 영성을 잃어버리게 되는 경우도 있을 수 있다.

혹시 세상일에 지나치게 몰두하고 있지 않은지 자신의 마음 상태를 주의 깊게 살펴보기 바란다. 만일 부나 사회적인 지위, 명예 등을 너무 지나치게 추구하는 자신의 모습을 발견하게 될 때는 "두 주인을 섬기지 못한다"마 6:24는 말씀을 기억하라. 세상에 마음이 사로잡혀 있는 한, 영적인 일을 기뻐하거나 그에 민감한 생활을 하기는 어렵다. 다시 말해서, 이럴 경우에는 영적으로 무딘, 또는 죽은 것과 같은 삶을 살 수밖에 없다.

혹시 하나님께 대한 의무를 이행하지 않았거나 간과한 일은 없는지 자신의 행위를 주의 깊게 살펴보기 바란다. 특히, 자기를 성찰하는 삶을 게을리하고 있지 않은지, 또는 성경 읽기와 기도 생활을 등한시하고 있지 않은지 살펴보는 것이 중요하다. 하나님은 우리에게 여러 가지 은총의 수단을 제공하셨다. 따라서 그분의 은총을 구하는 일들을 게을리 하지 않도록 해야 한다. 자신의 영적 향상을 도모하기 위한 시간을 따로 마련해 두고 있지 않다면 자신과 솔직한 대화를 나눔으로써 이러한 상황을 시정해야 한다. 그렇지 않고 자신의 영적 생활 관리를 소홀히 할 경우 마음과 행위가 영향을 받게 된다. 그러므로, 혹시 다른 일에 너무 많은 시간을 빼앗기고 있지는 않은지 엄밀하게 살펴보아야 한다. 시간을 잘 관리하면 개인적인 경건의 시간을 가질 수 있게 될 것이며, 이것을 통해 영적인 삶을 증진시켜 나갈 수 있을 것이다.

이렇듯, 우리는 세상일에 너무 많은 시간을 할애해서는 안 된다. 하지만, 더욱 중요한 것은 우리의 마음을 그것에 너무 빼앗기지 않아야 한다는 점이다.

우리 자신이 많은 약점을 가지고 있는 나약한 존재라는 사실을 잊지 말자. 따라서, "두렵고 떨림으로 너희 구원을 이루라"빌 2:12는 성경의 명령을 받은 우리는 마땅히 자신의 연약함을 겸손히 인정할 줄 알아야 한다. 이렇게 할 때, 항상 열심히 기도하는 삶을 살아갈 수 있고, 결과적으로 건전하고 겸손하며 부드러운 마음을 갖게 된다. 이러한 것들이야말로 참된 그리스도인이 지녀야 할 특징이라고 할 수 있다.

성경은 이를 위해 많은 격려와 위로를 주고 있다. "너는 여호와를 바랄지어다 강하고 담대하며 여호와를 바랄지어다"시 27:14. "오직 여호와를 앙망하는 자는 새 힘을 얻으리니"사 40:31. "애통하는 자는 복이 있나니 저희가 위로를 받을 것임이요"마 5:4. 이러한 말씀들은 낙심한 마음에 용기를 주고, 어지러운 마음을 가라앉히며, 조용히 하나님을 바라볼 수 있는 마음을 갖게 한다.

5. 이름뿐인 그리스도인들의 삶에 나타나는 기타 주요 잘못

이름뿐인 그리스도인들은 대개 죄와 악에 관해서도 아주 잘못된 견해를 가지고 있다. 이들은 마치 종교가 경찰이 수행하는 업무 정도의 일을 하는 것처럼 생각한다. 경찰은 사회에 악한 영향을 끼치는 행위만을 범죄 행위로 단속할 뿐, 종교적인 일과 관련된 잘못된 행위는 범죄로 취급하지 않는다. 심지어, 경찰은 범죄에도 차별을 둔다. 같은 죄를 짓더라도 사회의 하류층 사람들이 지은 경우에는 죄가 되지만, 상류층 사람들이 짓는 경우에는 아무 것도 아닌 것이 된다. 상류층 사람들이 죄를 짓는 경우에는 유쾌함이 다소 지나쳤다는 식으로, 또는 호기를 좀 부리다 보니 그렇게 되었다는 식으로 무마된다. 물론, 그들이 큰 부자라는 사실도 그들에게 면죄부를 주는 일에 한몫 거들기 마련이다. 하류층 사람들이 저지르는 사회악에 대해서는 가차없는 처벌을 가하면서, 상류층 사람들이 저지르는 악에 대해서는 자유스러운 사고 방식, 호기, 유쾌함 등등 여러 가지 부드러운 용어를 써 가며 얼렁뚱땅 얼버무려 버리는 것은 얼마나 불의한 처사인가!

죄는 모두 똑같이 하나님의 심판을 받는다

하지만, 하나님의 말씀은 이와 같은 타협적인 기준을 적용하여 행위를 판단하지 않는다. 성경은 죄는 모두 똑같이 하나님의 심판을 받는다고 말한다. 산상 설교에는 부자의 죄와 가난한 자의 죄를 따로 구별하는 내용이 발견되지 않는다. 사회적 신분이 높은 사람들을 위한 도덕 기준이 따로 있고, 사회적 신분이 낮은 사람들을 위한 도덕 기준이 별도로 있지 않다. 바울 사도는 우상 숭배, 음행, 방탕, 술 취함, 흥청거림, 무절제한 사랑 등과 같은 것들을 도적질과 살인과 같은 범죄와 동일하게 취급한다. 그는 이러한 죄들에 대해 동일한 태도로, "이런 일을 하는 자들은 하나님의 나라를 유업으로 받지 못할 것이요" 갈 5:21라고 말했다.

이름뿐인 그리스도인들의 견해에는 참 신앙의 기초가 되는 원리가 결여되어 있다. 죄와 악을 사소하게 생각하는 것은 결국 주권자이신 하나님을 조금도 인정하지 않고 있다는 증거이다. 또한 하나님을 두려워하지 않기 때문이다. 성경은 하나님을 경외하는 것이 '지혜의 근본'이라고 말한다. 성경 저자들은 다른 무엇보다도 이 원리를 강조한다 욥 28:28; 시 111:10; 잠 1:7-9:10.

성경이 말하는 죄

성경은 죄를 하나님의 주권을 거스른 반역 행위로 규정한다. 모든 죄는 똑같이 하나님의 법을 어기는 것이다. 죄를 짓는다는 것은 곧 하나님의 주권을 부인하는 행위이다.

별다른 신경을 쓰지 않고 삶을 즐기면서 사는 사람들에게는 이 같은 말이 너무 가혹하게 들릴지 모른다. 이들은 세상에서의 성공으로 마음이 한껏 부풀어 자신들의 삶이 영원히 안전할 것이라고 착각하며 산다. 하지만, 성경은 "주의 날이 밤에 도적같이 이를 것"살전 5:2이라고 말한다. "이 모든 것이 이렇게 풀어지리니 너희가 어떠한 사람이 되어야 마땅하뇨 거룩한 행실과 경건함으로"벧후 3:11. "악인이 음부로 돌아감이여 하나님을 잊어버린 모든 열방이 그리하리로다"시 9:17.

이러한 말씀들은 장차 죄를 심판할 날이 있다는 사실을 선언하고 있다. 그 날은 단순히 죄에 대한 형벌을 선고하는 날이 아니다. 그 날은 모든 사람의 진정한 실상이 드러나는 날이다. 이 세상에는 하나님의 나라와 사탄의 나라가 공존한다. 우리는 둘 중에 한 쪽을 택하여 살아가야 한다. "내 말을 듣고 또 나 보내신 이를 믿는 자는 영생을 얻었고 심판에 이르지 아니하나니 사망에서 생명으로 옮겼느니라"요 5:24. "그가 우리를 흑암의 권세에서 건져내사 그의 사랑의 아들의 나라로 옮기셨으니"골 1:13. 하지만, 죄를 용서받지 못한 죄인들에 대해서는 다음과 같이 말한다. "너희는 너희 아비 마귀에게서 났으니"요 8:44. 마귀의 자녀들은 땅 위에서 사는 동안 '마귀의 종'으로서 '마귀를 위해 일한다.'

그리스도인으로 태어났다는 생각

많은 사람들은 기독교 국가에서 태어났으면 자연히 그리스도인으로 태어난 것이라고 생각한다. 하지만, 하나님의 나라와 사탄의 나라가 서로 구분된다는 성경의 진리는 그와 같은 생각이 잘못되었음을 보여 준다. 그러한 생각은 양심을 둔감하게 만들 뿐 아니라, 주님의 삶을 본받고자 하는 관심과 열의를 둔화시키고, 하나님이 제공하신 많은 은혜의 수단들을 잊어버리게 한다. 성경은 땅 위에 사는 그리스도인들을 가리켜, 거추장스러운 모든 것을 벗어버리고 하나님의 전신갑주를 입고 '경주'하며 '싸우는 삶'을 살아가는 사람들이라고 묘사한다.

성경에 따르면, 어디에서 태어났느냐가 중요한 것이 아니라, 어떻게 사느냐가 중요하다. 태어난 나라가 중요한 것이 아니라, 어떤 영혼의 상태를 가지고 있느냐가 중요하다. 자연적으로 타고난 품성이 중요한 것이 아니라, 믿음을 통해 변화된 품성이 중요하다.

거듭나야 한다! 물론, 거듭난 삶은 하나님의 은혜로우신 사역에 의해 일어나는 것이다. 하지만, 동시에 우리는 "두렵고 떨림으로 너희 구원을 이루라"빌 2:12는 명령을 받는다. 성경에 따르면, 그리스도인이란 "빛 가운데서 성도의 기업의 부분을 얻기에 합당한"골 1:12 자가 되기 위해 그 이름에 걸맞은 삶을 살아가는 사람들이다. 그리스도인은 반드시 그리스도인다운 삶을 살아야 하는데, 이러한 삶을 살려면 힘든 노력이 필요하다. 그리스도인들은 힘을 내어 부지런히 이와 같은 삶을 살도록 애써야 한다.

순례자로서의 그리스도인

성경은 그리스도인의 삶을 순례자나 나그네와 같은 인생에 비유한다. 성경에는 여러 가지 비유가 많다. 그 가운데 이 비유가 성경에서 가장 빈번하게 사용되고 있음을 보게 된다.

그리스도인은 여행자이다. 그는 인생길에서 마주치게 될 모든 어려움에 대비하여 준비한다. 그는 이 세상은 폭풍이 몰아쳐 한치 앞도 내다볼 수 없는 날씨와 같다는 것을 안다. 하지만, 그는 구름 한 점 없이 맑고 빛으로 가득한 '더 나은 본향'을 향해 여행하는 자이다. 여행을 하는 도중에 유쾌하지 않더라도 그는 빈둥거리지 않으며, 아름다운 것을 즐기고, 궁금한 것을 살핀다. 그는 늘 감사함으로 새 힘을 얻는다.

물론, 여행하면서 마을을 지나칠 때 그곳 사람들과 어울리기도 한다. 그는 이러한 사귐을 나쁘게 여기지 않는다. 하지만, 여행을 끝마칠 때까지 많은 원수들과 여러 가지 올무가 가득한 나라를 통과하게 되리라는 사실도 결코 잊지 않는다. 도처에는 그로 하여금 여행을 포기하도록 하는 유혹들이 도사리고 있다. 여행을 하는 동안, 희망으로 마음이 벅차 오르고 성공으로 마음이 기쁠 때도 있지만, 때로 의심이 생겨 불안하고 낙심이 되어 풀이 죽을 때도 있다.

이름뿐인 그리스도인들이 믿는 기독교

이름뿐인 그리스도인들은 밋밋하고 획일적인 신앙을 가지고 있다. 그들의 삶에는 바라는 것도 없고, 낙심하는 것도 없으며, 소망이나 두려움도 없고, 기쁨이나 슬픔도 없다. 하지만, 참된 그리스도인은 모든 것이 살아 움직인다. 그는 인생 여정을 가는 동안 여러 가지 감정의 기복을 경험한다. 하지만, 그가 겪는 시련과 역경이 너무 혹독한 것이라고 생각해서는 안 된다. 그의 수고는 '사랑의 수고'인 탓이다. 그의 인내는 '소망이 있는 인내'다. 그는 마지막 승리를 바라보며 항상 기쁨을 갖는다. 성경은 "경건은 범사에 유익하니 금생과 내생에 약속이 있느니라"딤전 4:8고 말한다.

이름뿐인 그리스도인에게는 참된 그리스도인이 지니고 있는 성품 가운데 가장 중요한 요소-하나님에 대한 사랑-가 결핍되어 있다. 그들에게는 하나님을 향한 사랑의 마음이 없다. 따라서, 하나님을 섬기며 예배하는 일에서 기쁨을 얻지 못한다. 그들은 자발적으로 감사하는 마음으로 하나님께 제물을 바치지 않는다. 그들의 헌신은 마치 감독의 강압에 못 이겨 억지로 일하는 사람들의 모습과 흡사하다.

따라서, "너는 마음을 다하고 성품을 다하고 힘을 다하여 네 하나님 여호와를 사랑하라" 신 6:5는 크고 첫째 가는 계명을 우리 마음속에 깊이 각인해 놓는 것이 절대적으로 필요하다.

하나님을 사랑하는 이 열정은 기계에 장치된 주요 스프링과 흡사한 역할을 한다. 주요 스프링에 의해 모든 부품이 동작하듯이, 하나님을 사랑하는 열정을 통해 인간의 모든 삶과 행위가 작동하고 힘있게 이루어진다. 이 한 가지 열정을 가질 때 우리는 모든 불확실한 도덕적인 의문에서 해방된다.

다시 말해서, '이 일은 해도 괜찮을까? 하나님의 율법은 너무 엄격해서 지키기가 힘들어. 혹시 하나님의 심판이 무서워서 내가 계명들을 지키는 것은 아닐까?' 등등의 생각들을 하지 않아도 된다. 하나님을 더욱 사랑하면 할수록 이러한 의구심들은 더욱 줄어들게 된다. 두려움을 가하면 범죄 예방 효과를 어느 정도 거둘 수 있는 것이 사실이다. 사람들의 이기심을 자극하면 이로 인해 열심히 일을 하게 되기도 한다.

하지만, 사랑은 이와 같은 것과는 본질적으로 다르다. 사랑은 합리적인 계산을 뛰어넘는다. 또한, 사랑은 궤변을 내세워 의무를 게을리하지 않는다.

이름뿐인 그리스도인들은 하나님을 사랑하지 않는다. 그렇다면, 인간에 대한 사랑은 어떤가? 참된 사랑의 표징은 무엇인가? 다음과 같은 질문들을 해보자.

- 과연 자존심, 허영, 자기애, 이기심, 야심, 좋은 평판을 얻기 위한 욕망 등과 전혀 관계없는 사랑의 행위를 할 수 있는가?
- 진정으로 자기를 부인하고 아무런 대가 없이 다른 사람들을 도울 수 있는가?
- 상대방이 감사하지 않을 때도 계속해서 선을 베풀 수 있는가?
- 우리의 선한 행위와 동기를 상대방이 오해하고 선입견을 갖고 악의로 받아들이는 경우에도 과연 여전히 사랑을 베풀 수 있는가?
- 인간을 해칠 수 있다고 생각되는 일들은 절대로 하지 않을 수 있는가?
(우리는 이러한 질문들 이외에도 다른 많은 질문들을 통해 우리가 어떤 동기를 가지고 사랑을 베푸는가를 점검해 볼 수 있다.)

우리는 성경이 얼마나 높은 도덕적 기준을 요구하고 있는지 망각할 때가 많다. 그리고 우리가 도달한 수준에 만족해 버린다. 하지만, 성경이 요구하는 수준을 알면 알수록 우리 자신이 얼마나 부족한가를 깨닫게 된다. 우리가 행해야 할 가장 어려운 의무 가운데 하나가, 바로 원수를 용서하고 사랑하는 것이다. 예수님은 이 일에 있어서 하나님을 본받으라고 말씀하셨다. 우리가 세운 사랑의 기준과는 달리, 예수님은 "하늘에 계신 너희 아버지의 온전하심과 같이 너희도 온전하라"마 5:48고 하신다.

6. 기독교의 탁월한 교리를 무시함으로 나타나는 주요 잘못

이름뿐인 그리스도인이 저지르게 되는 가장 큰 잘못은 자신들이 믿는다고 고백하는 종교의 교리들을 망각하고 살아가는 것이다. 예를 들면, 인간의 본성이 부패했다는 교리, 속죄 교리, 거룩하게 하시는 성령의 능력에 관한 교리 등에 관심을 갖지 않는다. 이 점이 참된 그리스도인들과 이름뿐인 그리스도인들의 가장 본질적인 차이라고 할 수 있다.

위기의 순간에만 신앙에 관심을 갖는다

평소에는 '하나님이 없는 자' 엡 2:12처럼, 하나님에 관해 아무런 관심도 기울이지 않고 살다가 어려운 순간에만 신앙의 필요성을 느끼는 사람들이 있다. 예를 들어, 질병에 걸렸다던가, 친구나 사랑하는 가족을 잃었다던가, 역경을 당해 삶이 온통 캄캄하게 느껴진다던가 하는 경우에만 하나님을 찾는다. 이럴 경우, 이들은 좀더 안정된 삶의 기반을 갈망하게 된다.

이들은 자신들의 내면을 살피며, 혹시 하나님을 노엽게 하지 않았는지 근심하게 된다. 그리고, 그 순간에 자신들의 삶을 고쳐야겠다고 결심한다. 하지만, 자신들이 지니고 있는 문제의 본질이나 그 치유 방법에 관해서는 알지 못한다.

이들은 '악행을 그치고 선행을 배워야' 사 1:16-17 한다는 사실을 의식한다. 또한 악한 습관을 버리고 신앙의 의무에 관심을 기울여야 한다는 것을 깨닫는다. 하지만, 자신들이 고통을 당하는 문제들이 얼마나 심각한 것인지 분명하게 알지 못하고, 또한 복음 안에 완전한 치유의 길이 있다는 것이나 그 치유가 어떻게 이루어지는지에 대해서는 전적으로 무지하다.

죄책감 때문에 신앙에 관심을 갖는다

개중에는 이보다는 좀 나은 사람들이 있다. 이들은 하나님의 진노하심을 두려워하는 마음을 가지고 있다. 따라서, 자신들의 악한 성향을 스스로의 힘으로 저항해 보려고 애를 쓴다. 그리고, 자신이 행해야 할 바른 길에서 벗어나지 않으려고 온갖 노력을 기울인다. 이들은 몇 번이고 거듭 결심을 다진다. 하지만, 매번 그 결심이 무너진다. 모든 노력이 수포로 돌아간다. 그래서 자신의 도덕적 연약성과 인간의 부패한 본성을 깊이 깨닫게 된다. 이들은 자신들을 사로잡는 죄의 권세 아래서 신음하며, 스스로를 구원해 보고자 하는 모든 노력이 다 소용없다는 사실을 알게 되면서 절망감으로 모든 것을 포기해 버리고자 하는 유혹을 받는다. 이러는 과정에서, 슬프고 아무 위로도 없는 삶을 살아가게 된다.

죄를 극복하려는 노력은 가상하지만, 이것을 이루어 내는 방법이 잘못되었다. 그들이 추구하는 길은 복음 안에 제시된 길이 아니다.

물론, 이들도 자신들의 문제를 해결하기 위해 신앙적인 교훈을 얻고자 한다. 그리고 현대 신학자들의 저서들을 이리저리 뒤적인다. 그래서, 다음과 같은 충고 내용을 발견한다.

"죄를 유감스럽게 여겨라. 그리고 죄를 더 이상 짓지 말라. 하지만, 불안해하지 말라. 그리스도께서 온 세상의 죄를 위해 죽으셨음을 기억하라. 최선을 다하며, 자신의 신앙의 의무를 충실하게 이행하라. 조금도 두려워 말라. 결국에는 모든 것이 잘될 것이다. 기독교의 삶의 원리를 가르쳐 주는 책들을 읽으면서 마음을 다스려 나가는 것이 가장 중요하다."

성경이 말하는 회개

하지만, 성경은 다시 시작하여 신앙의 기초를 처음부터 새롭게 다지라고 말한다. 이는 겸손한 마음으로 회개하고 자신의 죄를 혐오하는 마음으로 그리스도의 십자가 앞에 엎드리는 것을 말한다. 모든 죄를 버리고 하나님의 은총만을 부여잡는 것이 필요하다. 이럴 때 죄를 짓지 않겠다는 결심을 지킬 수 있는 힘을 얻게 된다.

"주 예수를 믿으라 그리하면 너와 네 집이 구원을 얻으리라"행 16:31. 주님은 "나로 말미암지 않고는 아버지께로 올 자가 없느니라"요 14:6고 말씀하셨다. "내가 참 포도나무요……가지가 포도나무에 붙어 있지 아니하면 절로 과실을 맺을 수 없음같이 너희도 내 안에 있지 아니하면 그러하리라"요 15:1, 4. "너희가 그 은혜를 인하여 믿음으로 말미암아 구원을 얻었나니 이것이 너희에게서 난 것이 아니요 하나님의 선물이라 행위에서 난 것이 아니니 이는 누구든지 자랑치 못하게 함이니라 우리는 그의 만드신 바라 그리스도 예수 안에서 선한 일을 위하여 지으심을 받은 자니"엡 2:8-10.

"거룩함을 좇으라 이것이 없이는 아무도 주를 보지 못하리라"히 12:14. 여기에 기독교의 가장 중심적인 진리가 담겨 있다. 참된 그리스도인이 소유하기를 원하는 거룩함이란 바로 하나님의 형상을 회복하는 것이다. 거룩함을 얻기 위해서는 성령의 역사를 의지해야 한다. 그러므로, 참된 그리스도인은 하나님과 믿음으로 화목한 뒤에, 거룩한 삶을 좇게 된다는 사실을 혼동하지 않는다. 성화는 믿음으로 의롭게 된 결과이다. 죄를 회개하고 그리스도만을 믿는 믿음에 의해 성화가 이루어진다. 간단히 말해서, 믿음이 성화의 원인이다.

진리를 깨닫는 길

그러므로, 만일 우리가 '신령한 지혜와 총명으로 가득해지고' 골 1:9 참조, '주께 합당히 행하여 범사에 그분을 기쁘시게 하려면' 골 1:10 참조, 예수님을 바라보아야 한다. 이는 예수님이 바로 우리 신앙의 시작과 끝이기 때문이다.

1. **예수님을 바라보자!** 예수님을 바라볼 때 우리의 몸과 마음을 하나님의 뜻에 무조건적으로 복종시켜 그분을 섬길 수 있게 된다. "너희는 너희의 것이 아니라 값으로 산 것이 되었으니" 고전 6:19, 20.

2. **예수님을 바라보자!** 예수님을 바라볼 때 우리는 거룩하신 하나님이 죄를 얼마나 미워하시는가를 알 수 있다. 하나님이 죄를 얼마나 미워하시는지 우리의 죄 때문에 "자기 아들을 아끼지 아니하시고" 롬 8:32, "그로 상함을 받게 하시기를 원하사 질고를 당케 하셨다" 사 53:10. 따라서, 우리는 죄가 얼마나 무서운 것인지 알게 된다.

3. **예수님을 바라보자!** 예수님을 바라볼 때 우리는 하나님의 사랑 안에서 자라가야 한다는 것을 알 수 있다! 예수님 안에서 회개한 죄인에 대한 그분의 사랑과 거룩하심을 보게 된다. 예수님은 자신을 우리에게 아낌없이 내어주셨다. 이러한 사실을 깨닫게 될 때, 우리는 그분을 기쁘시게 하는 삶을 살아야겠다는 마음을 갖게 된다. 이런 예수님을 거

역하는 삶을 살아왔다는 사실을 알게 될 때 부끄럽고 비통한 마음을 느끼게 된다. 또한, 우리는 그분 안에서 서로를 사랑하라는 진리를 깨닫게 되기도 한다.

4. **예수님을 바라보자!** 예수님을 바라볼 때 우리는 우리 자신이 그분의 놀라운 사랑을 받을 자격이 없다는 사실을 알게 된다. 우리의 가장 훌륭한 행위조차도 부끄럽기만 한 마음을 갖게 한다. 결국, 교만함이 사라지고, 다른 사람들에 대한 판단을 하지 않게 된다. 다른 사람의 칭찬을 받겠다는 욕망도 덜하게 되고, 남이 알아주지 않아도 덜 분노하게 된다. 주님의 겸손을 보게 될 때, 그리고 "종이 주인보다 더 크지 못하다" 요 15:20는 말씀을 기억할 때, 우리는 겸손할 수 있다. 우리가 오직 은혜를 의지하고 살아갈 때만이 늘 겸손할 수 있다.

5. **예수님을 바라보자!** 예수님을 바라볼 때 우리는 인생이 짧고 불확실하다는 것을 알게 되고, 헛된 세상의 허영에 물들지 않게 된다. 이렇게 될 때, 흥청망청 떠들며 즐기는 삶이나, 야심을 이루려고 아귀다툼을 하는 세상사나, 호사스런 삶을 통해 만족을 얻으려는 일에 일체 관심을 갖지 않게 된다. 세상은 이와 같은 일들을 좋아하고 이렇게 사는 것이 참된 삶이라고 여기지만, 우리는 믿음으로 거친 가시밭길을 걸어간다. 예수님이 우리보다 앞서 이 길을 가셨다. 그분의 발자취를 볼 때, 우리는 아무런 불평도 할 수 없다.

6. **예수님을 바라보자!** 예수님은 우리 신앙의 시작이자 끝이다. '예수님은 항상 살아서 그분의 백성들을 위하여 간구하신다' 히 7:25 참조. 이러한 주님을 바라볼 때, 우리의 의무에 충실하게 되고, 청지기의 삶을 실

천하게 된다. 예수님은 하늘에 계신 아버지의 뜻을 이행하기 위해 자신의 온몸을 바치셨다. 우리도 그분의 삶을 본받아 살아가야 한다. 이러한 깨달음을 통해, 그리스도인은 하늘나라의 것을 바라고 이것을 위해 봉사하는 삶에 관심을 갖게 된다.

이와 같이, 참된 그리스도인의 삶과 이름뿐인 그리스도인의 삶에는 분명한 차이가 있다. 이름뿐인 그리스도인은 복음에 제시된 삶과는 다른 삶을 살아간다. 이들에게 복음이란 멀리서 가물가물 반짝이는 희미한 별빛에 불과하다. 하지만, 참된 그리스도인에게 있어서 복음이 제시하는 교리는 마치 태양처럼 그의 전체적인 삶의 중심이다. 그는 그곳으로부터 빛과 온기와 생명을 얻는다. 심지어 구약성경도 하늘에서 온 계시지만, 복음과 비교할 때 희미한 그림자에 불과하다. 복음은 우리 눈앞에 복된 진리를 분명하게 계시해 준다. 우리는 복음 안에서 "예수 그리스도의 얼굴에 있는 하나님의 영광을 아는 빛"고후 4:6을 보고 즐거워한다.

묵·상·과·토·의·를·위·한·질·문
for Personal Reflection or Group Discussion

1. 윌버포스는 '인간의 칭찬과 존경을 좋아하는 욕망'에 관해 말했다. 윌버포스는 당시에 저명 인사였기 때문에 이 같은 유혹이 어떠한 것인지 잘 알고 있었다. 이러한 유혹을 이기는 길은 참된 겸손뿐이다. 윌버포스는 참된 겸손에 관해 어떻게 말하고 있는가?

2. 윌버포스는 '착한 성품'만 있으면 신앙은 없어도 그만이라는 생각에 관해 비판했다. 주변에서 이 같은 생각을 하고 있는 사람들을 찾아 볼 수 있는가? 논의해 보라.

3. 윌버포스는 다시 한번 죄를 심각하게 생각하라고 촉구한다. 이 문제를 논의한 후 발전된 생각이 있다면 함께 나누어 보라.

4. 예수 그리스도의 계시에 근거한 건전한 교리가 얼마나 중요하다고 생각하는가? 윌버포스 당시처럼 많은 그리스도인들이 교리에 무관심해졌다고 생각하는가? 오늘날 사람들은 어떤 교리에 관해 무관심하다고 생각하는가?

chapter 5

기독교의 탁월성

 이름뿐인 그리스도인들은 기독교가 얼마나 탁월한 종교인지 잘 모른다.
 먼저, 기독교에는 신앙의 교리들과 그 실천 계명들이 완벽하게 조화를 이루고 있다. 교리들도 서로 밀접하게 연관되어 있고, 완벽한 조화를 이루고 있다. 인간의 타락, 그리스도의 속죄를 통한 하나님과의 화해, 성령의 거룩하게 하시는 능력을 통해 잃었던 하나님의 형상을 회복하는 것 등이 각각 독립된 교리로 나타남과 동시에, 서로 완벽하게 조화를 이루어 하나의 위대한 진리가 된다.
 이와 같이, 기독교의 실천 계명들도 서로 근본적으로 일치하며, 서로 연관되어 있다. 성경이 우리의 거룩한 삶을 위해 거듭 강력하게 명령하고 있는 계명들 가운데는 하나님과 그리스도를 사랑하고 경외하라는 것, 인간을 친절하고 온유한 사랑으로 대하라는 것, 재물의 소유나 이 세상의 일에 관심을 갖지 말고 영원한 것을 바라보라는 것, 자기를 부인하고 겸손하라는 것 등이 있다.

이미 이러한 것들이 기독교의 핵심 진리임을 강조해 왔으며, 이것들을 지킴으로써 하나님의 거룩하신 성품을 반영해야 한다고 주장해 왔다. 우리는 인간들을 향해서도 이 같은 계명들을 지켜야 한다. 이러한 기독교의 진리와 계명들은 모든 인류가 필요로 하는 것이다. 일단 이러한 진리와 계명들을 받아들이면, 그 모든 것이 본질적으로 서로 완벽한 조화를 이루고 있음을 알 수 있다.

예를 들어, 다른 사람들을 사랑하고 온유하게 대하라는 계명을 생각해 보자. 이 계명을 지키려면 자기 부인, 절제, 겸손 등과 같은 자질이 기본적으로 밑바탕이 되어야 한다.

사람들 사이에 일어나는 분쟁과 반목은 자신을 중요하게 여기는 마음과 다른 사람들이 자신에게 예의를 갖추어야 한다는 생각, 그리고 교만한 마음에서 비롯된다. 또, 재물의 소유나 세상의 영예를 지나치게 중요시할 때 이와 같은 결과가 나타나게 된다. 왜냐하면, 결국 그것들을 얻으려고 서로 경쟁을 벌여야 하기 때문이다. 경쟁을 벌이다 보면 다툼이 일어나기 마련이다. 이러한 다툼 때문에 사회 질서와 조화가 깨어지게 된다. 하지만, 신앙은 모난 것을 둥글게 깎아 원만하고 온유한 인격을 갖게 한다.

피상적인 덕행

이름뿐인 그리스도인들은 그저 겉으로 드러난 덕행만으로 만족한다.

이들은 사랑과 자선을 베푸는 삶이 좋다고 여기면서도, 마음의 교만과 허영을 허용하고 심지어 타고난 기질대로 행동해야 한다고 주장한다. 이들은 개인 생활이나 직장 생활에서 성공을 거두는 것을 목표로 하여 삶을 온통 자신들이 추구하는 목적에 몰입시켜 버린다.

이들은 외적으로는 부드럽고 예절바른 모습을 지니고 있지만, 그 내면에는 진정한 사랑이 없다. 불만과 질투로 가득할 때도 있고, 의심이 많으며, 절망으로 인해 상처받고, 남으로부터 조금이라도 불이익이나 모욕을 받게 되면 부르르 화를 내며 앙갚음을 하고자 한다.

이들 가운데 좀 양식이 있다고 하는 사람들은 겉으로 공손하고 유머 있는 행위를 함으로써 자신들의 실제 감정을 가린다. 이들은 자신들의 감정을 가리는 기술에 능하다. 영국 미술가 호가스William Hogarth는 소묘를 할 때 인간의 실제 감정을 적나라하게 파헤쳐 그린다. 그의 그림을 보면 인간의 감정들이 얼마나 추하게 왜곡되어 있는지를 알 수 있다. 그것은 마치 '지옥'을 연상케 하는 모습이다.

기독교의 실질

하지만, 진정한 기독교는 단순히 겉으로 드러난 덕행에 만족하지 않는다. 기독교는 '심령을 감찰하시는' 하나님께서 인정하실 수 있는 내실 있는 덕행을 추구한다. 따라서, 그리스도인이 선을 행하고자 한다면, 실제로 안과 밖이 일치하는 선을 행해야만 한다. 이러한 이유에서 참된 그리스도인은 굳이 다른 사람과 자신을 비교하지 않는다. 비교를 하는 순간 사람은 자신도 모르게 질투심을 갖게 된다. 본래 질투심은 자신을 높이려는 교만한 마음에서 비롯된다. 만일 우리가 이웃을 경쟁 상대로 보고 그와의 경쟁에서 이기려는 의도를 갖는다면 어떻게 이웃을 우리 몸과 같이 사랑할 수 있겠는가?

아울러, 기독교는 이 세상의 재물이나 명예에 마음을 두지 말라고 가르친다. 이러한 마음을 갖게 될 때, 우리는 우리보다 성공한 사람들을 보거나 심지어 우리가 추구하는 일을 방해하는 사람들을 볼 때도 사심 없이 사랑하게 된다. 사도 바울은 "높은 데 마음을 두지 말라"롬 12:16고 말한다. 만일 우리를 낙심케 만든 사람에 대해 적대감을 갖는다면 어떻게 바울의 이러한 권고의 말을 비롯한 성경의 다른 여러 명령들을 온전히 따를 수 있겠는가?

진정한 기독교는 또한 세상의 평판에 관심을 두지 말라고 가르친다. 이러한 자세를 지닐 때, 우리는 정당한 이유에서든 부당한 이유에서든 우리의 명예와 인격을 공격하는 사람들을 마음으로부터 사랑할 수 있게 된다. 성경은 지나치게 자신을 드러내지 말고 온유하며 부드러운 심령을 지니라고 말한다. 분노와 부조화의 근원을 뿌리째 제거해 버릴 때, 사람들 사이에 평화가 유지되고, 일시적으로 깨어졌던 선한 성품들이 되살아날 수 있다.

도덕적 가치

기독교는 또한 지적인 성취보다는 도덕적인 성취에 보다 큰 가치를 둔다. 이것이 참 기독교의 탁월성을 보여 주는 또 다른 근거이다. 진정한 기독교는 그리스도인들로 하여금 지식보다는 덕행을 중시하는 삶을 살라고 가르친다.

반대로, 거짓 종교는 덕행보다는 지식을 강조한다. 거짓 종교는 자신이 비밀스러운 지식과 감추어진 신비를 간직하고 있다는 말로 사람들을 현혹하여 끌어들이고자 한다.

이 같은 종교에 바탕을 두고 세워진 체제 속에서는 다수의 사람들은 단지 들러리 역할에 머물게 될 뿐이다. 고대 국가들의 예를 들면, 그들의 종교 체제는 이중적이었다. 즉 학식 있고 배운 사람들을 위한 체제와 무식한 대중들을 위한 체제가 따로 구분되어 있었다. 하지만, 기독교는 그렇지 않다. 기독교는 아무런 구별 없이 모든 인간에게 동일한 관심을 기울인다. 오히려, 기독교가 전하는 메시지는 '가난한 자들을 위한 좋은 소식'이라고 불린다.

지적인 탁월성보다는 도덕적인 탁월성을 더 중요하게 여기는 것은 곧 지혜를 사랑하는 것이다. 사실, 지혜를 얻는 것이야말로 진정으로 뛰어난 것이다. 지식은 제아무리 위대한 것이라 해도 한계를 가지고 있고, 아무리 많은 지식을 쌓아 놓은 지식의 보고寶庫라도 사실은 빈약하기 짝이 없다! 우리는 매일의 경험을 통해, 여러 가지 사례들을 통해, 인간의 지식은(심지어 가장 학식이 많고 배웠다는 사람들에게 있어서도!) 연약하고 단편적이며 결함이 많다는 사실을 알게 된다. 이러한 사례들은 인간이 과연 그 지식을 자랑할 만하며 교만한 마음을 가질 만한가에 대해 깊은 의구심을 갖게 한다.

도덕은 그렇지 않다. 우리는 본래 하나님의 형상으로 지으심을 받았다―타락 후에는 과거의 그 온전했던 형상이 우리에게 어렴풋이 남아 있다―이러한 상태에서 우리는 복되신 구세주를 통해 우리의 타락한 본성을 정결하게 씻어 내고 다시 한번 하늘에 계신 하나님 아버지의 형상을 회복할 수 있는 수단을 제공받았다. 사랑(다른 모든 도덕적인 자질들을 대표하는 덕성), 용기, 정의, 겸손 및 기타의 그리스도의 덕성들을 통해 하나님께서는 우리로 하여금 참된 성화를 이룰 수 있게 하신다. 만일 우리가 성령의 도우심에 의지하여 주어진 은혜의 수단들을 충실하고 부지런하게 활용해 나가면 거룩한 성품을 지니게 될 것이다.

기독교는 하나님으로부터 온 계시 종교라는 사실을 입증하는 사례들은 매우 많다. 하지만, 이러한 것들을 일일이 나열하여 기독교의 탁월함을 옹호하고자 하는 것이 본서의 목적은 아니다.

또한, 우리가 지닌 신앙은 신적인 기원을 갖는다는 사실을 옹호하려는 의도는 더더구나 없다. 더 이상 말을 안하더라도 기독교의 탁월함을 입증해 주는 다양한 증거가 있다. 가령 예를 들면, 예언, 그리스도의 뛰어나신 성품, 사도들의 진실성, 기독교의 참된 교리, 탁월한 계명, (이미 지적한 대로) 교리와 계명의 조화 등이 있다.

이 밖에도 오늘날의 학자들이 쓴 글들, 기독교의 융성한 발전 및 기타 여러 가지 주장들이 이렇게 혹은 저렇게 기독교의 탁월함을 입증하고 있다. 하지만, 무엇보다도 기독교가 지금까지 세상에 있어 온 다른 종교 체제와는 근본적으로 다르다는 사실을 지적해 두고 싶다.

묵·상·과·토·의·를·위·한·질·문
for Personal Reflection or Group Discussion

1. 윌버포스는 중요한 교리들이 서로 '조화'를 이루고 있다고 말했다. 이것이 무슨 의미인지 좀더 자세히 말해 보라.

2. 윌버포스는 그리스도인의 도덕적 삶은 내적인 일관성을 지니고 있다고 말했다. 그리스도인의 삶을 통해 반영되는 하나님의 성품을 논하라.

3. 요즈음 '도덕성'을 회복해야 한다는 말을 자주 듣는다. 만일 윌버포스가 오늘날 살아 있다면 우리에게 어떤 말을 할 것인지 생각해 보라.

4. 윌버포스는 종교가 대개 도덕보다는 지성을 추구하는 경향이 많다고 말했다. 그의 말이 옳다고 생각되는가?

chapter 6

기독교의 현재 상태

기독교의 쇠퇴

지금까지 다수의 그리스도인들이 기독교 신앙에 대해 가지는 잘못된 생각들을 다루어 왔다. 이제는 범위를 좀더 넓혀 이 나라 전체에서 기독교가 과연 어떤 상태에 처해 있는지 생각해 보기로 하자.

일반적으로 볼 때, 기독교는 정치 공동체의 복지를 위해 기여해 왔다. 이러한 사실 때문에, 역사적으로 사람들은 기독교가 국가의 이익을 위해 이바지해야 한다는 믿음을 가지게 된 것 같다. 많은 사람들이 기독교와 국가는 서로 이 같은 관계를 맺어야 하는가의 문제를 놓고 그 장단점을 논해 왔다. 이들 가운데는 장점만을 너무 지나치게 부각시키고자 하는 사람들도 더러 있었다.

만일 기독교가 정치와 밀접한 관계를 유지한다면, 기독교의 앞날에 관한 우려가 더욱 증폭될 것이다. 왜냐하면, 기독교가 오늘날 우리 가운데서 쇠퇴해 가고 있기 때문이다. 지금 이 순간에도 기독교는 계속해서 쇠퇴 일로에 있다.

과거에 종교가 처했던 상황과 오늘날 종교가 처한 상황을 비교해 보고자 한다. 하지만, 그 이전에 예비적으로 살펴보아야 할 문제가 있다.

지구상에 있는 각 나라에는 모든 사람들이 암묵적으로 동의하는 도덕 기준이 있기 마련이다. 이러한 도덕 기준은 같은 나라라 하더라도 시대와 장소에 따라 서로 다른 것이 일반적인 현실이다. 이러한 도덕 기준이 몰락할 때마다(또는 반대로 지나치게 높아질 때마다) 사회의 규범에 혼란이 오게 되고 그 결과 대중의 의견이 서로 엇갈리게 된다.

어느 사회나 인간의 성품을 원리로 삼아, 인격을 도야하는 것을 도덕과 덕행의 기준으로 삼는다. 어느 사회고 규범화된 도덕적 행위를 넘어서는 실천이 이루어지기를 희망한다. 만일 이러한 일이 이루어지지 않을 경우에는 기독교가 그 사회에서 생명력 있는 영향력을 행사하지 못하고 있음을 미루어 짐작할 수 있다. 같은 사회라 해도 사람들은 서로 다른 욕구와 서로 다른 견해를 가진다. 이들은 자신들의 행위를 일반적인 기준에 맞추어 조정해 나가게 된다.

또한, 도덕적 수준을 더 높이거나 더 낮추는 여러 가지 요인들이 생겨나 천천히 사회 전체에 영향을 주게 된다.

도덕적 수준을 높여 온 기독교

기독교가 융성할 때마다 그 사회의 도덕 수준이 최고조에 이르렀다는 사실을 부인하기는 어려울 것이다. 고대 세계에서는 지도자들이 제멋대로 행했다. 하지만, 그들의 행위가 전혀 문제 되지 않았다. 하지만, 오늘날 기독교의 도덕률을 따르는 사회에서는 그러한 행위를 형벌받아 마땅한 범죄 행위로 규정한다.

또 다른 예를 보면, 과거에는 보기 힘들었던 덕행들이 기독교의 영향으로 보편적인 현상이 되었다. 특히, 거칠고 모난 행위가 관대하고 예의 바른 모습으로 바뀌었고, 이방 세계에서 만연했던 잔인한 행위들이 거의 사라지게 되었다. 일단 기독교 신앙이 전파되기만 하면 기독교의 신적인 기원을 인정하든 인정하지 않든 그 사회의 전반적인 도덕 수준이 향상되는 것을 볼 수 있다. 그러므로, 역사에 나타난 기독교를 평가할 때는 피상적인 겉모습만을 가지고 잘못된 판단을 하지 않도록 주의해야 한다.

오늘날 영국에서 기독교가 발전하고 있는지 쇠퇴하고 있는지 알아보는 것이 도움이 되리라 생각한다. 아울러, 상황이 어떻게 돌아가고 있는지 파악하기 위해 관심을 기울여야 할 여러 가지 문제점들을 함께 생각해 보는 것도 도움이 되리라고 본다. 경험을 통해 볼 때, 기독교는 박해를 당했을 때 더욱 왕성하게 발전했고, 자신을 파괴하려는 세력에도 불구하고 더욱더 그 메시지를 분명하게 전파했다. 역사를 통해 볼 때, 기독교는 '박해가 오히려 역효과를 가져왔다.'

기독교는 박해 속에서 성장했다. 그 순간에는 미지근한 신앙을 가진 그리스도인들이 없었다. 그리스도인들은 주님의 나라가 이 세상에 속하지 않음을 확신했다. 세상의 모든 상황이 절망적인 순간에, 그들은 하늘을 올려다보며 위로를 받았다. 그들은 자신을 순례자요 이방인으로 보았다. 죽음의 순간에도 자신의 신앙을 굳게 지키고, 믿음의 근본에 충실하였다.

번영함에 따라 신앙의 열정은 쇠퇴한다

종교가 편안한 번영을 누릴 때는 이와는 반대의 결과가 나타났다. 기독교 신앙의 전사들은 자신들이 전쟁을 하고 있는 중이라는 사실을 망각해 버린다. 열정이 시들해지고, 열기가 사라진다. "번영을 누리는 종교는 마치 낯선 이국에서 자리잡고 정착 생활을 하는 민족과 같다."는 존 오웬의 비유는 매우 적절하다고 할 수 있다. 그 민족은 주변 토착민들의 특징, 행위, 언어 등에 동화되어 마침내는 자신들이 지니고 있던 모든 특성들을 잃어버리게 된다.

박해받을 때는 더욱 왕성해지고 번영을 누릴 때는 쇠퇴한다는 원칙이 사실이라면, 오늘날 영국의 기독교로부터 무엇을 기대할 것인가를 알게 된다. 영국의 기독교는 오랫동안 사회 제도에 깊은 영향력을 행사해 왔다. 당연히 영국 사람들은 모두 기독교를 공통적인 관심사로 삼고 있다. 아울러, 법정과 의회는 기독교 정신에 입각하여 이루어져 왔다.

기독교는 특권화된 직임을 인정하지 않는다. 유대교의 제사장 제도, 힌두교의 브라만(카스트 제도의 최고 계급으로서 계승된다)과는 달리, 기독교는 모든 사회 계층의 사람들과 거의 모든 가문의 사람들을 똑같은 제사장으로 인정하는 만인제사장설을 가르친다. 또한, 결혼하지 않고 독신으로 살아가는 로마가톨릭의 사제 제도나 엄격한 수도원 제도와는 달리, 기독교 사역자들은 모든 사회 계층과 제약 없이 어울릴 수 있도록 되어 있다.

그리고, 기독교는 고도로 문명화된 사회의 특징인 과학과 예술의 발전을 제한하지 않는다.

이러한 기독교의 특성 때문에 기독교 신앙을 받아들인 사회는 급속한 경제적 발전을 이룩할 수밖에 없다. 이러한 번영이 생동감 있는 신앙을 비롯해 성직자와 평신도에게 어떤 영향을 끼치게 될 것인가를 알기란 그렇게 어렵지 않다.

더욱이, 영국은 헌법에 기초한 자유 국가이다. 우리는 이미 사회의 중산층이나 하류층보다 상류층 사람들이 더욱 도덕적으로 해이해져 있는 상태임을 살펴보았다. 하지만, 중산층 사람들이 상업적인 성공을 거두어 재력과 사회적인 실력을 갖추게 됨에 따라, 이 같은 도덕적 해이 현상은 더욱 확산될 조짐이다.

대도시들이 늘어나고 사치스러운 도시 문화가 번성함에 따라, 도덕도 점점 더 쇠퇴해 가고 있다. 사람들이 온통 상업주의에 매료되어 있는 이 상황에서, 신앙은 점차 그 생명력과 활기를 잃어가고 있다.

이러한 시대에 사람들이 기독교의 엄격한 계명들과 자기 부인의 정신을 따르지 않는 것은 자연스러운 일이다. 심지어 진지한 신앙 생활을 하는 그리스도인들조차도 사치와 방종이 만연한 사회의 영향을 받아 긴장이 풀어지고 신앙의 자세가 흐트러지고 있는 형편이다. 모든 것이 번영하는 상황에서 사람들은 신앙에 관해 거의 관심을 안 갖기 쉽다.

그러므로, 이름뿐인 그리스도인들이 기독교에 관심을 가질 리 만무하다. 이들은 당연히 기독교의 진정한 의미에 대해 무지할 수밖에 없다. 이들이 기독교에 관해 알고 있는 것이라곤 고작 국가의 헌법에 포함되어 있거나 국가가 인정하는 교리들과 원칙들뿐이다. 이들은 참 기독교만이 지니고 있는 것, 또 습관에 의해 기억하고 있는 교리와 내용들을 거의 망각해 가고 있다.

또한, 기독교와 양립할 수 없는 것들, 가령 교만, 사치, 세상을 사랑하는 마음(이는 물질적인 풍요가 주어질 때 나타나는 자연적인 현상이다) 등이 사람들 사이에 확산되어 가는 것도 기독교가 쇠퇴해 가는 원인이다. 더욱이, 성직자들 가운데는 위선과 광신주의에 사로잡혀 있는 사람들이 있다. 평신도들이 이러한 성직자들의 영향을 받게 될 경우 기독교의 쇠퇴 현상은 더욱 심각해진다.

소위 개혁자임을 자처하고 나선 사람들이 있다. 이들은 이러한 현상을 바로잡으려고 한다. 이들의 노력은 잠깐의 성공을 거둘 수 있을지 모른다. 하지만, 이들은 정반대의 극단으로 치닫는 오류를 범할 뿐 아니라, 과격하고 저속하며 어리석은 품행으로 인해 기독교에 대한 부당한 혐오감만 더 부추길 수 있다.

이러한 모든 약점에도 불구하고, 앞으로도 계속 사람들은 기독교가 신적인 기원을 가지는 탁월한 종교라는 사실을 인정할 수도 있고, 몇몇 진실한 신앙인들을 통해 기독교의 명맥이 유지될 수도 있다. 아울러, 기독교는 국가 종교로서 정치적으로 존중을 받을 것이다. 그리고, 여전히 대중들도 기독교는 거짓이 아닌 참된 종교라고 믿을 것이다. 또 성경을 하나님의 말씀으로 받아들일 것이다. 물론, 앞으로 성경이 날조된 거짓이라는 대담한 주장을 하는 사람들도 있을지 모른다. 하지만, 대다수의 사람들은 성경이 참된 하나님의 말씀이라고 고백할 것이다. 그런데, 문제는 이들이 성경을 하나님의 말씀이라고 믿으면서도 일관된 믿음의 자세를 갖지 못하고, 성경의 많은 내용을 알지 못한 채 만족해 버릴 것이라는 점이다. 성경에 관해 따지고 들면, 성경의 중요한 진리들에 대한 그들의 무지가 드러나게 될 것이다.

이처럼, 대다수의 사람들은 기독교 신앙이 무엇이며, 그것이 어떤 의미를 가지고 있는지 거의 알지 못한다. 사람들은 기독교와 전혀 무관한 행위를 하며 살고 있다. 앞으로는 말로도 기독교의 존재를 인정하지 않는 시대가 오고 말 것 같다. 그 때가 되면 불신앙이 유행할 것이고, 신앙을 갖는다는 것은 기껏 마음이 연약하고 지식이 부족하다는 것을 드러내는 것쯤으로 여겨지게 될 것이다.

오늘날 영국의 기독교의 실상이 이러하다. 사람들은 하나님을 잊고 산다. 또한, 하나님의 섭리를 믿지 않는다. 하나님의 능력의 손을 바라보지 않는다. 하나님이 우리에게 많은 위로를 베풀고 계시지만, 우리에게는 감사하는 마음이 없다. 하나님이 우리를 징계하시지만, 우리는 회개하지 않는다.

하나님을 예배하는 날로서 구별된 주일이 와도, 그 날을 아무런 거리낌없이 자기 만족과 허영을 충족시키는 날로 사용해 버린다. 국가적인 차원의 회개가 필요하여 임시 휴일로 정한 날조차도 휴식을 취하는 휴일로 이용해 버린다. 이런 식으로, 우리는 하늘에 계신 하나님을 모욕하고, 회개와 반성을 위한 엄숙한 예배에 의도적으로 참석하지 않는다.

모든 지식은 날로 진보되어 가는데, 하나님을 아는 지식은 날로 쇠퇴해 가고 있다. 이미 앞장에서 지적한 대로, 스스로를 정통 그리스도인이라고 생각하는 사람들은 많지만, 사실상 기독교 신앙을 바로 알고 있는 사람은 거의 없다. 많은 사람들이 기독교를 단지 하나의 도덕으로 생각한다. 이들은 기독교의 실천 원리가 무엇인지 또 얼마나 엄격한지에 대해 올바로 알고 있지 못하다.

기독교 쇠퇴의 역사

잉글랜드 신학의 역사를 보면, 기독교가 왜 한갓 도덕에 불과한 것으로 쇠퇴하게 되었는지 그 이유를 알 수 있다. 잉글랜드에 위대한 개혁자들이 나타났던 당시 기독교는 절정을 이루었다. 개혁자들 가운데 더러는 메리 여왕 시대에 순교를 당했다. 또한 그들의 계승자들 가운데도 엘리자베스 여왕 시대에 순교를 당한 사람들이 있었다. 개신교의 기둥과 같은 역할을 했던 이들 개혁자들에는 존 데브넌트, 존 주얼 주교, 조셉 홀 주교, 존 레이놀즈, 토머스 후커, 랜슬롯 앤드루즈, 헨리 스미스, 로버트 리턴 대주교, 제임스 어셔 대주교, 리처드 백스터 등을 꼽을 수 있다. 물론 이 밖에도 무명의 개혁자들이 많다. 이들이 저술한 책들은 모두 기독교의 탁월한 교리들을 설명하고 있다. 이들은 교리적인 진리를 바탕으로 도덕적 원칙들을 균형 있게 개진해 나갔다. (윌버포스는 리처드 백스터를 매우 존경했다. 리처드 백스터의 책들은 기독교적 지혜의 보고이다.)

하지만, 내전(찰스 1세와 의회의 분쟁 – 역자 주)이 일어나기 전부터 이런 사람들이 주장해 온 기독교의 위대한 근본 진리들이 다른 신학자들의 글 가운데서 서서히 자취를 감추기 시작했다. 애석하게도 당시 많은 종파들이 기독교 교리를 남용했다. 그들은 기독교의 이름에 먹칠을 했다. (윌버포스는 당시에도 오웬, 하우, 플라벨과 같은 청교도를 비롯해

도드리지와 프린스턴의 위더스푼 등과 같은 많은 예외적인 인사들이 있었다는 점을 인정한다.)

도덕과 신앙의 치명적인 분리

17세기말에 이르자, 국교회의 신학자들은 한 가지 실수를 저지르기 시작했다. 이들은 기독교의 도덕적 실천 계명들이 그 동안 무시되어 왔다고 주장하면서 대중에게 그것들을 가르치는 것을 그들 신학의 주된 목적으로 삼았다. 하지만, 이들은 하나님과 죄인과의 화해를 위한 충분한 신학적 기초를 바탕으로 윤리적 행동을 강조하지 않았다. 다시 말해, 기독교의 실천 계명들이 교리로부터 비롯되며, 교리와 실천이 서로 불가분의 관계를 맺고 있다는 사실을 충분히 강조하지 않았다.

이러한 치명적인 잘못에 의해 기독교의 근본적인 본질이 모르는 사이에 변질되어 버렸다. 그 결과, 기독교의 특징이 사라지고 기독교 신자들의 특성 또한 희미해져 버렸다. 이러한 결과가 오늘날에까지 그대로 미치고 있다.

지난 50년간 출판된 책들 가운데는 도덕을 다루는 내용들이 홍수를 이룬다. 이러한 출판물 가운데는 정기 간행물도 많다. 이 출판물들은 기독교적 특징을 잃어버린 다른 출판물들과 함께 광범위하게 읽혀지고 있다. 결국, 기독교 윤리가 기독교 교리와 무관한 것으로 생각하는 습관이 의식하지 않은 사이에 만연되어 가고 있는 것이다.

오늘날 우리 시대를 보면, 기독교의 독특한 교리들이 거의 사라져 버린 것을 알 수 있다. 오늘날 강단에서 행해지는 대부분의 설교에도 성경적인 교리의 흔적을 발견할 수 없을 정도이다.

또한, 요즈음의 소설들을 살펴보더라도 참 종교가 쇠퇴하고 있다는 조짐을 느낄 수 있다. 요즈음 소설들을 보면 종교에 관한 잘못된 개념이 잘 반영되어 나타난다. 그나마 설교는 교회력에 맞추어 하다 보니 비록 내용은 공허하더라도 신앙에 관해 뭔가를 말하고 있다는 느낌을 심어 준다.

하지만, 소설을 쓰는 작가는 교회력과 같은 종교적인 틀에 얽매여 있지 않다. 그들이 쓰는 소설을 보면, 종교인과 성직자들을 부각시키는 내용이 발견된다. 소설에 그려진 그러한 인물들을 통해 작가는 교훈과 책망과 위로와 조언을 제공한다. 상냥하고 관대하고 용서하는 마음이 등장 인물들을 통해 전파되지만, 기독교만이 가지는 독특한 교리로부터 비롯되는 윤리 원칙은 어디에서도 찾아볼 수 없다.

오늘날의 탁월한 문필가들 가운데는 공인된 불신자들이 많다. 이 외의 다른 사람들도 미지근한 신앙을 가지고 있을 뿐 아니라, 기독교를 반대하는 책들을 펴낸 사람들을 존중하기도 한다. 이들은 이 사람들의 책들이 기독교적인 희망의 토대를 공개적으로, 또는 은밀하게 공격하고 손상시키고 있음에도 불구하고 관심을 기울이며 선의로 받아들인다. (여기에서 윌버포스는 데이비드 흄을 그러한 불신자들 가운데 가장 심각한 인물로 지적하고 있다.)

프랑스 혁명의 교훈

혁명 전후의 프랑스가 주는 교훈을 연구하는 것이 필요하다. 당시 프랑스에서 일어났던 현상과 비슷한 양상을 띤 조짐들이 잉글랜드에 나타나고 있다.

즉 사회적 관습이 부패하고, 도덕이 타락하며, 향락을 추구하는 풍조가 만연하고, 무엇보다도 기독교가 불신을 받고 있다. 불신앙이 판을 치고, 공개적으로 모든 종교적인 원칙을 부인하는 사람들이 생겨나게 되었다. 국가의 대표자들이 거리낌없이 공개적으로 하나님이 없다고 선언하는 실정이다.

어떤 사람들은 한편으론 종교의 점차적인 쇠퇴 현상을 우려하면서도 내가 너무 지나친 생각을 하는 것이 아니냐고 생각하는 것 같다. 이들은 자기가 주장하는 대로 신앙 생활을 하려면 일상적인 일이나 사회 복지를 위한 업무 따위에 전혀 신경을 쓰지 못하게 될 것이라고 말한다. 다시 말해, 내 생각을 따르기로 하면 기도나 설교 같은 종교적인 일이나 해야지 다른 일은 아무 것도 할 수 없을 것이라는 말이다! 윌리엄 페일리의 기독교의 증거에 관한 개관 View of the Evidences of Christianity이 바로 이와 같은 논조를 펴고 있는 대표적인 사례이다.

진정한 문제

하지만, 우리의 신앙 생활이 과연 하나님의 말씀에 진정으로 부합된 것인가를 생각해야 한다. 만일 그렇다면 이 짧은 인생을 살아가는 동안 세상의 안락함과 번영을 희생한다고 해서 문제가 될까? 영원한 영광의 면류관을 쓰고 하나님 우편에 있는 즐거움을 영원히 누리기 위해서 이 세상의 일들을 희생한다는 것이 그렇게 대수로운 일인가? 복되신 주님께서도 우리에게 그러한 희생이 요구될 때가 종종 있을 것이라고 말씀하셨다. 주님께서는 세상의 소유와 즐거움을 포기하라고 우리에게 권고하셨다.

참 기독교 신앙이 진정 국가의 부와 위상을 해친다는 주장이 사실이라면, 자연히 대중적인 지지를 받지 못하게 될 것이다. 허나, 분명히 말해 두지만, 참 기독교 신앙이 득세할 경우 세계는 평화와 번영과 기쁨이 넘치게 될 것이다.

복음이 처음 전파되었던 당시 초대 교회 신자들 가운데는 일상적인 의무를 무시하는 잘못을 저지른 사람들이 더러 있었던 것도 사실이다. 하지만, 사도는 그들의 잘못을 지적하면서 더욱 열심과 충성을 바쳐 주어진 의무를 이행하라고 거듭 가르쳤다. 왜냐하면, 그렇게 할 때 믿지 않는 사람들이 기독교 신앙을 좋게 여겨 복음을 받아들이게 될 것이기 때문이었다.

사도는 동시에 하나님과 그리스도의 사랑, 하늘나라를 지향하는 마음, 세상 것에 대해 지나친 관심을 기울이지 않는 삶의 태도, 은혜 안에서 성장을 도모하고 거룩한 삶을 이루라는 교훈 등에 관한 가르침을 베풀었다 ─ 나는 앞에서 이러한 것들이 기독교의 근본적인 특징이라고 진술한 바 있다.

사도의 일관된 가르침과 그의 신적인 권위를 인정하는 사람들은 교리와 실천 계명이 서로 분명한 조화를 이루고 있다는 사실을 인정하지 않을 수 없을 것이다.

참된 그리스도인의 표징

참 신앙을 소유한 사람은 생각을 하든, 말을 하든, 행동을 하든, 하나님을 기쁘시게 하려는 마음을 갖는다. 그는 계시된 하나님의 말씀을 신앙과 행위의 기준으로 삼고 '자신의 빛을 사람들에게 비취게 한다.' 마 5:16 참조. 그는 매사에 자신이 고백하는 교리에 합당하게 행한다. 사실, 이러한 원칙에 충실하는 한 어떤 직업을 갖든, 어떤 것을 추구하든, 어떤 즐거움을 구하든, 과학이나 예술을 하든 조금도 문제될 것이 없다.

참 신앙을 가진 사람은 일시적인 것을 추구하기 위해 과도한 열정과 힘을 쏟지 않는다. 다시 말해서, 막대한 부를 축적하려고 하거나, 드높은 명망을 얻기를 바라지 않는다.

정치가들 가운데는 평화와 안전의 기틀을 굳게 다지는 것보다 영역을 확장하고, 막강한 권력을 행사하며, 아무도 따라올 수 없는 풍요를 누리는 것을 주된 관심사로 삼는 사람들이 있다. 참 신앙은 이 같은 무절제한 생각을 용납하지 않는다. 이들은 위대함이 곧 평안을 가져다줄 것으로 착각한다. 이들은 헛된 망상 속에서 국가는 개인들로 구성되어 있다는 사실과, 개개인의 행복을 증진시키는 것이 참된 국가적 번영이라는 사실을 망각한다.

참된 그리스도인의 유익

참 기독교 신앙이 삶의 활기를 빼앗아 간다는 주장은 거짓이다. 오히려, 참 신앙은 그 반대의 결과를 만들어 낸다. 참 신앙을 소유한 사람은 신앙을 바탕으로 자신이 추구하는 일이나 직업에 있어서 열심을 낸다. 신앙은 다른 무엇보다도 삶에 강력하고 지속적인 동기를 부여한다. 신앙인의 가장 중요한 관심은 성공이 아니라, 하나님 앞에서 원칙을 지키는 삶을 사는 것이다. 따라서, 세상 사람들은 세속적인 소득과 명예를 얻지 못하면 낙담하지만, 신앙인은 결코 그렇지 않다. 신앙인은 유익하고 행복한 삶을 사는 비결을 간직하고 있다.

신앙인은 모든 사람과의 화평을 구하고, 그들도 형제의 사랑과 정의로운 배려를 받을 권리가 있는 한 가족으로 인식한다. 따라서, 신앙인은 다른 사람의 사랑과 존경을 받기 마련이다. 그는 세상의 원리를 쫓는 악한 열정이나, 부패해지기 쉬운 욕망에 결코 시달리지 않는다. 이러한 사람들로 가득한 나라는 진정한 발전을 이룩할 수밖에 없다. 왜냐하면, 이런 사람들은 사회 안에서 다른 사람들의 권리를 침해하지 않고 부지런히 주어진 의무를 다함으로써 온 세상이 한 가족이 되어 능동적이고 조화로운 삶을 이룩할 것이기 때문이다.

기독교 국가의 이점

진정한 기독교 국가의 행복한 상태란 바로 이런 것을 두고 하는 말일 것이다. 이런 나라는 국내적으로는 평화롭고, 국외적으로는 다른 나라들의 사랑과 존경을 받는다. 모든 나라를 성실로 대함으로써 온 세계가 서로 신뢰하는 사회가 될 수 있도록 기여할 것이다.

국가들간의 분쟁은 서로 상처를 입히려 하고 서로 질투하며 불신하기 때문에 생겨난다. 참 기독교 국가는 안으로는 백성들의 불만을 초래할 일도 없고, 밖으로는 다른 나라를 공격하지도 않는다. 만일 이웃 나라가 아무런 이유도 없이 공격해 올 경우에는(이유 없는 적대 행위에 대해서는 철저한 방어가 이루어져야 한다), 백성들이 굳게 결속하여 국가의 힘을 한층 더 배가할 것이다.

심지어, 기독교 이외의 거짓 종교라 해도 선한 도덕적 원칙을 따르고 지지한다면, 그 나라의 정치 사회에 참 종교인 기독교가 만들어 내는 선한 결과 못지 않은 많은 결과들을 만들어 낼 수 있다. 하지만, 기독교는 그 어느 종교보다도 뛰어난 도덕 체계를 가지고 있으며, 그것을 실천에 옮길 수 있는 강력한 동기와 효과적인 수단을 제공한다. 기독교는 교리와 일치하는 바른 태도를 갖게 함으로써 더욱더 효과적인 실천이 이루어지게 한다.

기독교는 국가 공동체를 보존하고 그 건강성을 증진시키는 힘을 가지고 있다. 그 이유는 기독교 신앙은 그 성격상 본질적으로 이기심을 인정하지 않기 때문이다. 오늘날 많은 국가들이 앓고 있는 큰 질병이 있다면, 바로 이기심이라고 하겠다.

다양한 형태의 이기심

이기심은 사회를 구성하는 다양한 계층에서 다양한 형태를 띠고 나타난다. 먼저, 신분이 높고 부유한 계층의 사람들 가운데서는 사치, 허식, 과시 및 병적이고 부패한 하찮은 망상의 형태로 이기심이 표출된다. 그들은 그러한 헛된 망상에 사로잡혀 자기 자신만의 만족을 구할 뿐, 관대한 마음을 가지려고 애쓰는 마음은 조금도 없다.

아울러, 이기심은 신분이 낮은 계층의 사람들 가운데서는, 그들이 독재로 인해 꼼짝할 수 없는 상황이 아닌 한에는, 자존심과 반항의 형태로 표출된다.

하지만, 외적으로 나타나는 결과는 다를지라도, 내적인 원리는 동일하다. 이기심이란 자아를 자신의 욕망과 즐거움의 중심이자 목적으로 만들려는 일종의 독재나 다름없는 것이다. 그것은 자신의 중요성과 잘난 점을 과장한다. 그리고, 다른 사람들의 주장은 하찮게 여기면서 자기 주장은 중요하게 생각하는 태도를 갖는다. 또한, 자기가 누리고 있는 유리한 점은 별것이 아닌 것처럼 생각하고, 불리한 점만 부각시키려는 성향을 갖는다.

이기심에 반대되는 것은 공익 정신이다. 공익 정신은 공공 생활의 위대한 원리이며, 국가에 생명을 불어넣는다. 공익 정신은 국가의 삶을 힘있게 하고, 국가를 참으로 위대하고 영광스럽게 만든다.

기독교는 이기심을 단호하게 거부한다. 기독교가 왕성해야 공공 복지가 증진된다. 이 둘은 서로 불가분의 관계를 맺는다. 진정한 기독교의 주된 목표와 관심은 이기적인 성향을 근절하여 사람들이 그 영향을 받지 않고 살아가게 하는 것이라고 할 수 있다.

기독교는 우리 자신과 우리 주변의 모든 것들을 올바로 평가할 수 있게 해준다. 또한 서로 다른 사회적 관계에서 비롯되는 다양한 주장과 책임에 관심을 갖게 한다.

관대한 정신을 배양하고 그러한 정신이 사회 전체에 퍼지도록 하는 것이 기독교가 추구하는 것이다.

기독교는 이기심을 거부한다

그리스도인들은 일시적인 것을 지나치게 추구하지 않으며, 세속적인 일에 과도한 관심을 쏟지 않는다. 그리스도인들은 부지런히 시민으로서의 의무를 다하며, 하나님의 뜻에 복종하고 그분의 섭리 아래 인내한다.

기독교의 모든 교리는 겸손을 그리스도인이 지녀야 할 근본적인 성품 가운데 하나라고 가르친다. 겸손한 마음으로부터 관대한 정신이 나온다는 것은 분명한 이치이다.

기독교는 가진 자들에게 베풀라고 가르친다. 기독교는 권력을 가진 자들에게 온유한 마음으로 주어진 직책과 권위에 맞는 책임을 다하라고 가르친다. 겸손할 때, 부한 것을 자랑하지 않게 되고 권력을 남용하지도 않게 된다. 그 결과, 불평등으로 인한 사회적 갈등 요소들이 덜해지게 된다.

기독교는 또한 사회적인 혜택을 받지 못하고 사는 사람들에게 부지런하고, 겸손하며, 인내하라고 가르친다. 기독교는 이들에게 어려움 속에서도 겸손함을 잃지 말 것과, 모든 불편을 감내하며 자신의 의무를 충실히 이행해야 한다는 것을 가르친다.

마지막으로, 기독교는 장차 모든 인간적인 차별이 없어질 날이 오게 되리라고 가르친다. 그리스도를 따르는 이들은 모두 하나님 아버지의 자녀로서 하늘나라의 기업을 소유하게 될 것이다.

하지만, 이름뿐인 기독교는 이 같은 결과들을 만들어 낼 수 없다. 오직 참 기독교만이 그렇게 할 수 있다. 다른 말로 하면, 피상적인 기독교가 아니라, 진실된 기독교만이 이러한 일들을 해낼 수 있다. 그러므로, 이 같은 일들이 실제로 일어나게 하고 정치적인 부패를 막아내기 위해서는 참 기독교 신앙을 배양해야 한다.

(다시 한번 정치적인 관점에서 볼 때) 작금의 상황에서 참 기독교 신앙이 회복되지 않는다면 영국은 과거에 기독교를 통해 얻어 온 모든 좋은 점들을 잃게 될 것이다. 이것만이 아니다. 참 신앙의 부재로 인해 온갖 악한 것들이 생겨나게 될 것이다.

약한 종교는 사회에 유익이 되지 못한다

약한 종교는 사회에 영향을 끼칠 수 없다. 과거 우리 선조들이 믿었던 종교는 존중을 받을 만한 자격이 있었을지 모른다. 하지만, 우리 시대는 과거를 맹목적으로 좋게만 보지 않는다. 심지어, 과거를 존중하는 '태도'도 사라져 가고 있다. 결국, 과거의 것만을 주장하는 것만으로는 국가의 상황을 나아지게 할 수 없다. 어떤 체제라도 현실적인 설득력이 없으면 무너지게 되어 있다.

따라서, 초대 교회에 생명력을 불어넣었던 본래의 원리를 오늘날의 사회 속에 새롭게 정립하지 않는다면, 기존의 교회 제도도 오래가지 못할 것이다. 생명력 있는 기독교가 되살아나야만 그에 비례하여 기존의 교회 제도도 힘을 얻게 될 것이다.

이름뿐인 그리스도인들이 고백하는 신앙은 메말라 생명력이 없고, 제 스스로의 몸도 지탱하지 못한다. 그러니, 하물며 인류를 살린다는 것은 꿈도 꿀 수 없는 일이 아닐 수 없다.

이러한 종교는 인간의 본성을 알지 못한다. 종교가 역할을 제대로 수

행하려면 사회의 하류층 사람들에게 영향을 줄 수 있어야 한다. 만일 상류층 사람들의 행위를 규정하는 윤리 체계만을 가진 종교를 세운다면, 하류층 사람들에게는 전혀 맞지 않을 것이다.

하지만, 기독교는 기독교 본래의 특징, 즉 가난한 자들에 대한 관심을 잃지 않는다. 기독교는 이 나라에서뿐 아니라 다른 나라들에서도 사회 대중의 전반적인 조건을 변화시키는 데 이바지해 옴으로써 참 종교임을 입증해 왔다.

그러면 무엇을 해야 하는가?

그러면 우리는 무엇을 해야 하는가? 이것은 매우 중요한 질문이다. 이 질문에 대한 답변은 그리 어렵지 않다. 오늘날 종교와 도덕의 부패해진 모습을 보면 어떤 삶을 추구해 나가야 하는지 충분히 알 수 있다.

우리는 우리 사회가 고질적인 질병, 즉 정치적인 질병이 아닌 도덕적인 질병을 앓고 있다는 사실을 생각해야 한다. 해이해진 대중의 도덕성을 어떻게 해서든 바로잡아야 한다. 이는 특히 최고 지도자들이 짊어져야 할 의무이다. 하지만, 직위와 부와 능력이 있는 사람이면 누구든지 나서서 자신의 활동 영역에서 모범을 보임으로써 도덕성을 향상시키는 노력을 기울여야 한다.

우리가 어떤 상황에 있든지 최선의 삶을 살아가는 사람이야말로 가장 진실된 애국자이다.

권위 있는 지위와 영향력을 가진 사람들은 항상 개인적으로 모범적인 행위를 하는 것이 중요하다. 하지만, 단순히 개인적인 모범을 보인다고 해서 선이 증진되지는 않는다. 그들이 사회에서 어떤 역할을 맡고 있든지, 맡은 역할을 통해 덕행을 격려하고 악을 저지해야 한다. 또한 선조들이 그 지혜로 만든 법을 강화하여 도덕을 해치는 범죄 행위를 징계해야 한다. 그리고, 도덕의 발전을 가져올 수 있는 계획들을 지원하고 그에 동참해야 한다. 무엇보다도, 다음 세대에 대한 교육이 철저하게 시행되어야 한다.

하지만, 복음적인 기독교가 다시금 어느 정도라도 왕성해지지 않으면 도덕성을 유지하거나 회복시키려는 모든 노력이 수포로 돌아가게 될 것이다.

참 신앙을 회복해야 하는 교회의 의무는 교회의 직임을 결정하는 사람들을 비롯해, 특히 직접적인 사역을 감당하는 교회 지도자들에게 달려 있다.

이미 여러 사람들이 신앙적인 각성을 촉구해 오고 있다. 이들은 기독교가 단순한 도덕 체계로 변질되는 현상을 강력히 비판하고, 기독교 신앙의 근본 교리에 보다 관심을 기울일 것을 촉구한다.

학교와 대학에서는 학생들을 격려하여 기독교가 지금보다 순수했던 과거 시절에 경건한 신앙인들이 저술한 책들을 연구하게끔 해야 한다. 이러한 책들에 관해 철저한 지식을 가지고 있는 사람들에게만 성직자 후보가 될 수 있는 자격을 부여해야 한다. 또한, 교회에서 예배를 드릴 때 보면 설교 전에 하는 기도와 설교의 내용이 서로 부조화를 이루는 일이 많다. 이 같은 일들을 시정해야만 한다.

이러한 일들은 정치적인 목적에서 하는 이야기들이 아니다. 나는 국가의 복지를 진심으로 생각하는 모든 사람들에게 이와 같은 일에 동참할 것을 엄숙하게 권고하고 싶다. 물론, 이러한 말을 권유하면서 혹시 영원한 삶과 관련된 일이 일시적인 이익이나 정치적인 편의를 위해 악용될 것을 우려하는 마음이 드는 것도 사실이다.

여기에 제안한 것들을 사심 없이 시행해 주기를 바라는 마음 간절하다. 지금까지 제안해 온 원리들로부터 좋은 결과가 생겨나기를 바라고, 무엇보다도 참 신앙의 영향력이 널리 확산되기를 기도한다!

이것이 국가를 위한 최선의 길이며, 또한 국가의 안녕을 깊이 염려하는 사람이 추구해야 할 일이다.

묵·상·과·토·의·를·위·한·질·문
for Personal Reflection or Group Discussion

1. 윌버포스는 기독교가 영국에 어떤 영향을 끼쳤다고 말했는가?

2. 오늘날 우리 사회는 더욱 세속화되었다. 사람들은 어떤 식으로 하나님을 잊고 살아가고 있는가?

3. 윌버포스는 주일 성수에 관해 말했다. 오늘날의 그리스도인들은 그때보다 더 주일을 성수하지 않는다. 아마도 오늘날의 그리스도인들은 주일 성수에 관한 윌버포스의 말에 경각심을 느낄지도 모른다. 주일 성수는 과연 '반문화', '반문명적인' 것인가?

4. 윌버포스는 "약한 종교는 정치적으로는 유익할지 모르지만 사회를 개선해 나갈 수 없다."고 말했다. 오늘날 우리 사회의 종교는 어떤 모습인지 논해 보라.

chapter 7

실천적 제언

우리는 지금까지 이 나라 대부분의 기독교 신자들이 어떠한 문제들을 가지고 있는지를 살펴왔다.

앞서 말한 대로, 전반적으로 볼 때 이 나라의 기독교는 그 중요성이 상당히 약화되어 있다. 대부분의 그리스도인들은 기독교의 교리에 관해 적절치 못한 생각을 가지고 있고, 도덕적 해이감도 심각한 수준이다. 무엇보다도, 이들은 기독교의 위대성과 본질을 근본적으로 오해하고 있다.

그러므로, 참된 그리스도인들과 이름뿐인 그리스도인들의 차이는 마치 형식이나 의견의 차이 정도로 치부될 수 있는 사소한 문제가 아니다. 이것은 신앙의 핵심과 관련된 문제이다. 이들의 차이는 매우 심각한 것이다. 우리는 분명히 말한다.

이름뿐인 기독교는 기독교가 아니다

이름뿐인 기독교는 참 기독교가 지닌 근본적인 원리를 결여하고 있다. 이들의 기독교는 기독교의 중요 요소들에 있어서 심각한 결함을 지니고 있다. 그들로 하여금 자신들의 실상을 보게 해야 한다. 모든 지혜의 근원이신 하나님께서 그들을 깨닫게 하시고 그들의 마음에서 편견을 제거해 달라고 겸손히 기도하자. 그들이 성경을 통해 자신들의 신앙과 행위를 진지하게 살펴볼 수 있도록 하자. 그러면, 자신들의 신앙이 얼마나 부족하고, 얄팍한지를 알게 될 것이다.

1. 자기 기만을 피하기 위한 실천적 제언

자신을 좋게 보려는 성향

우리는 자신을 좋게 생각하려는 성향을 지니고 있다. 자기를 성찰하기 원하는 사람들은 먼저 이 사실을 알아야 한다. 인간의 부패한 본성에서 나오는 여러 가지 악한 것들 가운데 하나가 이기심이다. 이기심은 우리 자신의 선한 면을 과장하고, 악한 면이나 결점을 간과하게 만든다. 인간의 본성이 부패했음을 인정한다면, 이기심이 어떤 결과들을 만들어 내는지를 살펴보아야 한다.

인간 본성이 부패함으로써 생겨난 또 다른 결과는 인간의 도덕적 능력과 감수성이 둔해졌다는 사실이다. 따라서, 우리는 부패한 본성에 의해 영향을 받고 있다는 사실을 인정해야 한다. 지고至高의 존재이신 하나님은 절대 순결하시다. 따라서, 하나님은 우리가 우리 자신에 대해 알고 있는 것보다 더 많고 심한 도덕적 오점을 가지고 있다는 것을 아신다.

더욱 심각한 사실은 우리가 최근에 범한 죄만을 생각하고, 과거에 지은 죄는 쉽게 잊어버리는 경향이 있다는 점이다. 범죄를 저지른 그 당시에는 깊이 후회하지만, 몇 달이나 혹은 몇 년이 지나면 죄를 지었다는 사실이 기억 속에서 희미해진다.

하지만, 하나님께는 과거나 미래가 없다는 사실을 생각해야 한다. 우리가 앞으로 어떤 죄를 짓든, 또는 과거부터 오늘에 이르기까지 어떤 죄를 저질러 왔든, 하나님은 언제나 그것을 현재처럼 기억하고 계신다. 따라서, "주께서는 눈이 정결하시므로 악을 참아 보지 못하신다"합 1:13는 사실을 기억하고 그분께 겸손한 태도를 갖는 것이 당연하다. 우리는 하나님 앞에서 회개해야만 한다는 점을 잊어서는 안 된다.

참된 회개와 살아 있는 믿음이 없다면, 우리는 죄로 더러워진 의복을 입고 하나님 앞에 서게 될 것이다. 다시 말해서, 회개와 믿음이 없이는 죄가 더욱 깊어진다고 해도 우리의 죄를 볼 수 없게 된다. 하지만, 우리는 죄를 짓게 되면 그 순간만큼은 수치를 느끼고 당황하게 된다. 우리 모두가 한 번쯤은 이와 같은 순간을 경험해 본 적이 있을 것이다. 물론, 나도 그런 경험이 있다. 인간은 죄를 짓는 순간 영혼 깊은 곳에서 자신에 대한 강렬한 수치심을 느낀다. 바라건대, 이와 같은 순간을 잊지 말고 기억하여 죄가 얼마나 수치스러운 것인가를 인식하도록 하자.

자기 기만에 빠지게 하는 기타 요소

이 외에도 자기 기만에 빠뜨리는 기타 요인 중에 하나는 자기의 신앙과 인격에 관해 그릇된 평가를 내릴 수 있다는 점이다. 특히, 우리는 자신의 신앙과 인격에 관해 다른 사람들로부터 칭찬을 들을 때 자신에 대해 오판을 하게 된다.

이런 경우, 자칫 잘못하면 자신의 열정을 복음의 위대한 진리들을 인정하는 올바른 신앙으로 혼동하는 실수를 범하게 된다.

아울러, 우리 모두는 때로 지성적인 이해를 의지와 혼동하는 잘못을 범하기도 한다. 다시 말해서, 실상은 신앙적 진리와 도덕적 진리를 머리로만 동의하면서 그것들을 마음으로 믿고 진정으로 따르고 있는 것처럼 착각한다.

이 외에도 우리가 종종 갖게 되는 착각이 있다. 그것은 사람이 항상 악행을 저지르거나 선을 행하지는 않는다고 생각하는 것이다. 다시 말해서, 삶의 조건이나 상황, 또는 그 시기에 따라 자연스럽게 악을 저지를 때도 있고 선을 행할 때도 있다는 말이다. 하지만, 이런 식으로 우리의 도덕적 인격을 생각해서는 안 된다. 우리는 항상 "얽매이기 쉬운 죄"히 12:1에 노출되어 있다는 성경 말씀을 기억함으로써 늘 자신을 엄밀하게 성찰할 줄 알아야 한다. 자신과 직접적인 관련이 없는 범죄만을 염두에 두어서도 안 되고, 우리 시대와 문화에 바탕이 되어 있는 좋은 점들만을 지나치게 부풀려 생각해서도 안 된다. 오히려, 진정한 덕행이 무엇인가를 생각해야 하고, 그 본질적인 원리를 찾아야 한다.

하지만, 우리는 늘 반대되는 생각을 한다. 자신과 "얽매이기 쉬운 죄"에 노출되어 있다는 사실을 애써 부인하고, 다른 사람들처럼 죄를 짓지 않았다는 사실에서 안도감을 갖는다. 또한, 자신이 타고난 좋은 점들을 지나치게 과신한다. 따라서, 자신의 도덕적 인격에 근본적으로 필요한 것이 무엇인지를 찾으려는 노력이 필요하다고 생각지 않는다.

우리는 이 같은 독선에 사로잡혀 있기 때문에, 중한 범죄를 저질러 충격을 받게 되는 경우를 제외하고는 자신의 도덕성에 관해 조금도 불편해 하지 않는다. 하지만, 이러한 태도를 지양하고 성경에 기록되어 있는 참된 그리스도인의 긍정적인 특성들을 찾으려고 애써야 한다.

우리가 자기 기만에 빠지게 되는 것은, 특정한 범죄만 더 이상 저지르지 않으면 그 악에 대해 승리를 거둔 것이라고 생각하는 성향을 가지고 있기 때문이다. 우리는 인간이 본성적으로 죄성을 지니고 있다는 사실을 잊는다. 우리는 다만 인생의 시기와 조건이 바뀌게 됨에 따라서 전에 지었던 죄를 짓지 않게 될 뿐이다. 다시 말해서, 현재의 인생과 삶의 조건에서 또 다른 인생의 시기와 삶의 조건 속으로 나아간 것을, 한마디로 우리의 세속적인 삶의 상황이 달라진 것뿐인 것을 마치 철저한 도덕적 개혁이 이루어진 것인 양 착각하는 것이다.

청년기

이러한 원리를 각 연령층별로 나누어 실제적으로 생각해 보자. 먼저 젊은 사람들을 생각해 보기로 하자. 젊은 남성은 무절제한 방탕에 빠져들 수 있고, 젊은 여성은 허영과 쾌락에 자신을 내어줄 수 있다. 만일 착한 성품과 열린 마음을 가지고 있고, 부모나 손윗사람들에게 순종적일 경우에는, 젊은 남성은 좋은 성품을 가진 사람이 될 수 있고, 젊은 여성은 순결한 처녀가 될 수 있다.

이들 젊은이들을 아끼는 사람들은 이들의 믿음 생활에 관심을 갖는다. 나이를 먹어감에 따라, 이들 젊은이들이 더욱 경건한 삶을 살 것이라고 모두가 믿어 의심치 않는다. 그 누구도 이들이 하나님의 진노를 당하게 될 것이라고는 생각지 않는다. 또한, 아무도 이들의 삶이 위험에 빠지고,

미래가 위협을 당하게 되리라고 예상하지 않는다.

중년기

젊은이들은 나이가 들면 결혼을 한다. 청년기에 육체의 욕심에 이끌려 약간의 방탕한 삶을 살았던 것이 이제는 과거가 된다. 젊은 날에는 다소 방탕한 삶을 살았지만, 이제는 돌이켜 정상적인 삶을 살아야 될 때가 왔다고 생각한다. 허영과 시시한 쾌락을 쫓던 젊은 여성들도 이제는 점잖은 주부가 되어 살아간다.

만일 이들이 좋은 결혼 생활을 유지하며 부모로서의 역할을 잘 해낼 뿐 아니라, 다른 사람들에게 친절한 삶을 살아가는 경우에는 '굉장히 훌륭한 사람'이라는 주위의 칭송을 받게 된다. 하지만, 이때까지 살아오면서 그랬듯이 구원의 문제에 관해서는 관심을 기울이지 않는다. 대신에, 재산을 늘리고, 가족을 부양하는 것에 주된 관심을 둔다.

그러면서, 이들은 속으로 과거의 악을 벗어버렸다고 생각하며, 더 이상 그와 같은 죄의 유혹에 빠지지 않는 자신들의 모습에 자부심을 갖는다.

노년기

마침내, 이들은 나이가 들어 노인이 된다. 노년기는 다른 어떤 시기보다도 영원한 것에 관심을 기울일 시기이다. 하지만, 이들은 절대 그렇게 하지 않는다. 이들은 물론 점잖은 노인들이 되고자 한다. 하지만, 젊은 날에 빠졌던 어리석음과 죄악을 다시 기억하면서 그때가 좋았지라는 상념에 젖어 살게 된다.

하지만, 참된 그리스도인은 이와는 정반대의 태도를 취한다. 이들은 죄를 두려워한다. 죄를 두려워할 줄 알기 때문에 자신들이 저질렀던 젊은 날의 악한 행위들에 대해 수치심과 슬픔을 느낀다. 그러므로, 거칠고 생각 없이 사는 것이, 마치 젊음의 특권이자 젊은 날의 상황에 어울리는 것(!)이라는 식으로 말하지 않는다. 오히려, 자신들의 경험을 바탕으로 젊은이들에게 그와 같은 삶을 살지 말라고 경고한다.

이와 같이, 우리는 인생의 전반에 걸쳐 이런 저런 이유를 내세워 양심의 소리를 묵살한다. 하지만, 성경은 "평강하다 평강하다 하나 평강이 없도다"렘 6:14라고 말한다. 우리는 우리 자신과 다른 사람들을 만족시키려고 하지만, 그러한 만족은 오직 하나님과 화해하고 겸손히 그분의 은총을 구하는 양심을 지닐 때에만 가능하다.

이러한 말들은 너무 가혹한 것인가?

이 같은 말들은 너무 무자비하다고 생각할 사람들이 많을 것이다. 하지만, 나는 조금도 위축되고 싶지 않다.

이제는 그와 같은 분별없는 관대함을 용납해서는 안 될 때다. 무조건 관용에 호소하는 것은 인간의 행복에 관한 참된 관심과 분별력을 무시하고 모욕하는 것이다. 혹독한 질책을 하여 죄를 뉘우치게 하는 것이 미래에 고통을 당하게 하는 것보다 낫지 않겠는가! 자녀들의 영적 문제에 마땅히 관심을 기울여야 함에도 그저 잘못된 관용에만 의존한다면 얼마나 어리석은 일이겠는가! 그렇게 얄팍한 생각으로 무감각하게 지내서야 말이 되겠는가? 순간적인 고통을 두려워하여 중요한 문제를 유기하는 우를 범할 필요가 있겠는가!

참된 관용이란 늘 방심하지 않고, 열정적이며, 상대방의 행복에 진지한 관심을 기울인다. 참된 관용은 좋은 것이 좋다는 식으로 넘어가지도 않고, 모든 것이 다 잘되리라는 유치한 낙관에도 빠지지 않는다. 오히려, 참된 관용은 악을 미워하며, 위험을 경계하고, 안전을 도모한다. 오늘날, 관용이라는 신성한 이름으로 비참한 현실이 용인되고 있다. 이것은 매우 그릇된 일이며, 관용이 아니라 무관심에 지나지 않는다.

기독교는 타락한 세상을 결백한 것으로 보지 않는다

순결한 젊은 여성들이여! 착한 성품을 지닌 젊은 남성들이여! 이 같은 마음의 착함과 순결함이 어디에서 나타나는 것인가? 우리는 죄성을 지니고 태어난 부패한 피조물이라는 사실을 기억하라. 우리는 타락한 본성을 지니고 있다. 기독교는 마음의 순결함이나 선함을 인정하지 않고, 죄의 용서와 하나님의 은총을 신뢰하라고 가르친다.

이런 젊은이들에게서 성경에 기록된 행위가 발견된다고 해서 그들이 안전한 상태에 있다고 만족할 만한 증거로 생각할 수 있는가? 혹시 이들이 하나님과 유리된 상태에 놓여 있음을 증거하는 구체적인 증거는 없는가?

우리는 이들을 잘못 판단하면 안 된다. 이들은 과연 "마음을 다하고 성품을 다하고 힘을 다하여 네 하나님 여호와를 사랑하라"신 6:5는 말씀대로 하고 있는가? 과연 "하나님의 나라와 그분의 의를 구하라"는 명령대로 살고 있는가마 6:33? "두렵고 떨림으로 그들의 구원을 이루고" 있는가빌 2:12? 또한 "겸손함으로 옷 입고" 있는가벧전 5:5?

오히려, 이와는 반대로 자기 만족과 탐닉에 빠져 있지는 않은가? "하나님을 사랑하는 것보다 쾌락을 더 사랑하고" 있지는 않은가딤후 3:4? 갈

라디아서 5:21에 기록되어 있는 대로, "하나님의 나라를 유업으로 받지 못할" 죄를 짓고 있지는 않은가(또는 그러한 죄를 짓고 싶은 생각에 사로잡혀 살고 있지는 않은가)?

진정한 변화

젊은 날의 모든 열정이 다 지나간 뒤에 인간들은 자신들의 삶이 변했다고 자랑한다. 그들은 사회의 일원으로서 점잖고, 유익하며, 단정한 삶을 살아가기도 한다. 그리고, 원만한 가정 생활을 영위하기도 한다. 하지만, 이것이 과연 성경이 말하는 변화일까?

성경은 "사람이 물과 성령으로 나지 아니하면 하나님 나라에 들어갈 수 없느니라"요 3:5고 말한다. 또한, "너희는 유혹의 욕심을 따라 썩어져 가는 구습을 좇는 옛 사람을 벗어 버리고"엡 4:22라고 말한다. 이러한 말씀은 쾌락을 좇는 젊은 날의 열정이 헛된 꿈에 지나지 않으며, 그 모든 행복감이 다 거짓이라는 사실을 묘사한다. 하지만, '새 사람'은 거짓된 행복감에 젖지 않는다. 새 사람은 "자기를 창조하신 자의 형상을 좇아 지식에까지 새롭게 하심을 받는 자"골 3:10이며, "하나님을 따라 의와 진리의 거룩함으로 지으심을 받은 자"엡 4:24이다.

인생은 일종의 시험대이다

인생은 일종의 시험대이다. 우리는 참 기독교가 명령하는 것에 복종하지 않고 스스로를 만족하게 하려는 반항적인 성향을 타고났다. 젊은이들은 대개 인색하거나 이기적이거나 탐욕스럽지는 않다. 하지만, 경솔하고 방종하기 쉽다. 즉 이들은 '하나님을 사랑하기보다는 쾌락을 더 사

랑한다.'

중년층 사람들은 경솔하고 게으르며 방종하지는 않는다. 이들은 이 같은 성향에서 벗어나 행복한 가정 생활을 즐긴다. 가족 관계 및 결혼 관계 때문에 보다 단정한 삶을 살게 된다.

하지만, 다른 문제로 시험을 당하게 된다. 세상의 근심, 가족의 이익, 직장에서의 목표, 부와 야망의 추구 등과 같은 문제에 골몰하기 쉽다. '하늘의 일보다 땅의 일'이 이들의 마음을 온통 사로잡는다요 3:12. '필요한 한 가지'를 망각하고눅 10:42, 영원한 것보다는 일시적인 것을 사랑한다. 이들에게는 "경건의 모양은 있으나 경건의 능력은 없다"딤후 3:5.

이처럼, 이들이 이름뿐인 신앙을 갖게 되는 근본적인 이유가 무지에서 비롯된 것이 아니라면 대개는 기독교의 교리를 잊고 살기 때문이다. 이미 살펴본 대로, 이들은 기독교 국가에서 태어나 교육을 받았다는 이유만으로 자신들이 그리스도인이라고 생각한다. 이들은 기독교 신앙이 본성의 변화를 촉구한다는 사실을 알지 못한다. 아울러, 그리스도인은 믿음 안에서 사랑과 미움, 희망과 공포, 기쁨과 슬픔을 겪으며 독특한 인격을 형성해 나간다는 사실에 대해 무지하다.

이런 사람들에 대해 그리스도께서는 다음과 같이 엄숙하게 경고하신다. "내가 네 행위를 아노니 네가 살았다 하는 이름은 가졌으나 죽은 자로다 너는 일깨워 그 남은 바 죽게 된 것을 굳게 하라 내 하나님 앞에 네 행위의 온전한 것을 찾지 못하였노니"계 3:1, 2.

무관심하고 경솔한 자들을 향한 엄숙한 경고

이 엄숙한 경고에 귀를 기울이는 자는 누구나 자신이 거짓된 안전감에 사로잡혀 있다는 사실을 깨닫게 될 것이며, 겉으로만이 아닌 진정한 그리스도인이 될 것이다 – '성령의 역사하심'을 소멸하지 않기 바란다. 많은 사람들이 찾는 '멸망의 넓은 길'에서 벗어나, 사람들이 잘 찾지 않는 '생명의 좁은 길'로 나아가기 바란다. 소란한 세상에서 떠나, 골방에 들어가 무릎을 꿇고 그리스도의 이름을 의지하여 하나님이 '돌같이 굳은 마음을 제하고 부드러운 마음을 주시기를' 기도하라. 빛의 아버지께서 자신의 눈을 밝혀 자신의 참상을 보게 하시기를 간구하고, 자신의 마음에서 모든 편견을 없애고 자기를 사랑하는 모든 속임수로부터 벗어날 수 있게 해 달라고 기도 드려라.

또한, 과거의 삶을 돌아보고, 현재 자신의 행위가 어떠한가를 살펴라 – 성경은 항상 우리 눈앞에 펼쳐져 있다. 성경이 창조주시요 주권자이신 하나님으로부터 온 계시임을 믿는다면, 하나님의 말씀에 자신을 비추어 보고, 어떻게 하는 것이 합당한 삶인가를 생각해 보라. 성경이 회개하지 않은 죄인들에게 얼마나 무서운 심판을 선언하고 있는지에 대해 생각하자. 그리고, 자신이 얼마나 부패한 존재인가를 더욱더 절실히 느끼는 삶을 살아 보자.

무엇보다도, 하나님의 독생자가 인간이 되셔서 십자가에 못박혀 죽으심으로 회개한 죄인에게 자비와 긍휼이 주어지게 되었다는 위대한 진리에 모든 것을 연결지어 생각하는 태도를 항상 지니자. 성경은 말한다. "너희는 하나님과 화목하라"고후 5:20. "주 예수를 믿으라 그리하면 너와 네 집이 구원을 얻으리라"행 16:31.

우리의 죄로 인해 예수님이 값진 희생을 치르셨다는 것과, 구속의 대가로 그만큼 큰 값이 지불되었다는 사실을 깨닫게 될 때, 죄책, 두려움,

수치 등의 복합된 감정을 느끼게 된다. 우리가 그리스도의 놀라운 사랑과 긍휼에 얼마나 냉랭하고 형식적인 태도를 취했는가를 생각할 때, 후회와 슬픔의 마음이 들게 된다. 구속자이신 그리스도의 초청을 사소한 것으로 생각했다는 자책이 드는 순간, 가슴을 치며 "불쌍히 여기옵소서 나는 죄인이로소이다"눅 18:13라고 부르짖지 않을 수 없게 된다.

그리스도께서는 '수고하고 무거운 짐진 자들'에게 안식을 주시겠다고 하신다. 또한 목마른 자에게는 생명수를 주시겠다고 하신다. '죄의 사슬에 묶인 자들'에게는 해방을 주시겠다고 하신다. 그러므로, 그리스도의 넘치는 긍휼을 의지하라. 그분은 사랑이 많고, 자기를 찾는 자를 거부하지 않으신다. 그분의 손에 자신을 맡기고, 자신의 능력과 재능을 모두 그분을 섬기는 일에 사용하겠다고 결심하라.

이제는 '두렵고 떨림으로 구원을 이루는' 사람이 되어야 하며, "자기의 기쁘신 뜻을 위하여 너희로 소원을 두고 행하게 하시는"빌 2:13 그분을 의지해야 한다. 항상 그분께 도움을 간구하라. 자신의 약점을 깊이 인정하고 항상 기억하며, 하나님의 능력만을 의지할 때 안전할 수 있다. 만일, 우리 자신을 부지런히 살피면, 하나님의 능력이 우리를 보호하실 것이다. 하나님은 우리의 안전을 약속하셨다. '하나님의 약속은 미쁘시다' 히 10:23. 그러므로, '죽도록 충성하면 생명의 면류관을 얻게 될 것이다' 계 2:10. '끝까지 견디는 자는 구원을 얻는다' 마 10:22.

오늘날 우리가 살고 있는 이 사회 속에서 믿음의 삶을 살려면 많은 어려움에 부딪히게 된다. 특히, 지위가 있는 사람이 이 같은 삶을 살려고 하면 더욱 그렇다. 그러므로, 확고한 결심을 가지고 스스로를 무장해야 한다. 주위 사람들의 평가에 민감해서는 안 된다. 신앙적으로 살면 분명히 주위로부터 이상한 사람이라는 평가를 받게 된다. "하나님께로부터 오는 영광"요 5:44을 목표로 삼아 행동하라. 인간의 칭찬에 무관심하지 않으면 단 한 발자국도 앞으로 전진할 수 없다.

항상 자신이 전적으로 부패한 존재이며, 습관적인 약점을 가지고 있는 존재라는 사실을 잊어서는 안 된다. 하나님이 눈을 열어 주시고 마음을 부드럽게 하신다면, 더욱더 우리 자신의 약점, 결점, 부족한 점들을 보게 될 것이다. 만일 '의에 주리고 목마른' 심정을 갖는다면, 하나님의 순결하심같이 순결해지고 싶은 마음을 바라게 될 것이다.

겸손은 기독교의 가장 중요한 덕목이다

이러한 해결책은 세상 사람들에게는 이상한 역설처럼 들릴지도 모른다. 은혜 안에서 자라갈수록 우리는 더욱 겸손하게 된다. 첫째도 겸손, 마지막도 겸손이다. 겸손은 기독교의 가장 중요한 덕목이다. 겸손이 있을 때, 기독교는 생명력이 있고 왕성해진다. 겸손에 따라 기독교의 성장과 쇠퇴가 결정된다.

겸손이란 죄인이 수치심을 느끼고 복음이 제시하는 것을 받아들이는 것을 말한다. 죄인이 성장해 가는 전 과정에서 – 또한 하나님과 사람과 자기 자신과의 관계에 있어서 – 행위와 감정을 지배하는 근거이자 원리가 바로 겸손이다. 장차 하나님 나라에 들어가게 되었을 때도 그의 삶은 여전히 겸손의 원리를 따르게 된다. "엎드려 세세토록 사시는 이에게 경배하고 자기의 면류관을 보좌 앞에 던지며 가로되……보좌에 앉으신 이와 어린양에게 찬송과 존귀와 영광과 능력을 세세토록 돌릴지어다 하니"계 4:10, 5:13.

겸손이 가져다주는 실제적인 유익

겸손한 삶을 살 때 주어지는 실제적인 유익은 다 열거할 수 없을 정도로 매우 많다. 겸손하면 우선 전염병을 두려워하듯, 죄나 죄를 짓게 될 상황을 보면 두려워하여 피하게 된다. 따라서, 어려움에 빠지게 될 일들을 미리 예방할 수 있게 되고, 세상과 타협하지 않게 된다. 겸손하면, 하나님의 은총을 바라보는 단순한 마음으로 모든 일을 행하겠다는 생각을 갖게 된다.

그리고, 가장 일상적인 삶 속에서도 경건한 삶을 살아갈 수 있게 된다. 겸손은 마치 우화 속의 연금술사가 모든 것을 금으로 만들어 내듯이, 삶을 순결하게 만드는 능력이 있다. 겸손이란 모든 일에 있어서 하나님을 기쁘시게 하려는 마음이다.

하나님을 기쁘시게 하기 위해서는 세상의 근심에 마음을 빼앗기지 않는 것이 필요하다. 겸손은 하늘을 향한 마음을 배양하며, 끊임없이 기도하는 마음을 갖게 한다. 겸손은 자신을 속이는 일에 미혹되지 않도록 늘 경계하는 마음을 갖게 한다.

또한, 부지런히 일해서 유익한 삶을 살도록 해야 한다. 따라서, 귀중한 시간을 '빈둥거리며' 보내는 일이 없도록 해야 한다. 이러한 생활 태도는 오늘날을 살아가는 경건한 그리스도인이라면 누구나 갖추어야 할 태도이다.

현재 성취한 것에 만족하지 말고, '뒤에 있는 것은 잊어버리며' 힘을 다하여 '앞으로 나아가' 중단하지 말고, 지칠 줄 모르는 자세로 앞에 놓여 있는 경주를 완수하라.

하나님의 사랑의 원리

우리의 영적 진보를 측정할 수 있는 척도는 하나님을 얼마나 사랑하고 그 사랑을 사람들 앞에 얼마나 나타내 보이느냐에 따라 결정된다. '하나님은 사랑이시다.' 사랑은 하나님의 보좌가 있는 하늘나라를 밝히고 따뜻하게 하는 신성한 원리이다. 그곳으로부터 사랑이 청명하게 빛난다. 그 사랑에서 뿜어져 나온 빛줄기가 은혜스럽게 땅 위에 있는 우리에게 비추인다. 만일 그렇지 않다면, 우리는 깜깜한 밤처럼 흑암과 비참함 속에서 구원을 받지 못하고 살았을 것이다. 하나님의 종들의 마음속에는 더 강력한 사랑의 빛이 비추인다. 그 결과, 이들은 '하나님의 형상으로 새롭게 된다.' '그리스도의 피로 값을 주고 자신들을 사신' 고전 6:20 참조 하나님을 섬기기 위해 모든 것을 아낌없이 바치게 하는 것도 바로 이 사랑의 원리이다.

이와는 대조적으로, 이름뿐인 그리스도인들은 마치 노예나 용병傭兵처럼 마지못해 하나님을 섬긴다. 이들은 자기 생각에 어쩔 수 없이 해야 될 일이라고 생각되는 것만 행할 뿐 그 이상은 결코 하지 않는다. 또한, 자기 생각에 해서는 안 될 일이라고 생각되는 것만 할 수 없이 삼간다. 혹시 의심이 가는 행위를 하는 것 같아서 그렇게 해서는 안 되지 않느냐고 말하면, 마치 샤일록(셰익스피어의 『베니스의 상인』에 나오는 고리 대금업자-역자 주)처럼 '아무도 눈치채지 못해'라고 대답한다.

간단히 말해서, 이들은 기독교를 단지 속박을 위한 종교로 이해한다. 이들은 기독교가 관대하고 자유로운 원리를 가진 종교임을 생각과 행위로 부인해 버린다. 아울러, 기독교 신앙이 사회 생활에 부적합한 것으로 만들어 버릴 뿐 아니라, 음울한 수도원에서나 믿는 것으로 치부해 버린다.

하지만, 참된 그리스도인들은 자신들이 엄격한 채권자를 섬긴다는 생각으로 살지 않는다. 참된 그리스도인들은 하나님께 감사의 빚을 지고 있다는 마음으로 살아간다. 따라서, 하나님께 억지로 복종하지도 않고, 감사에 인색하지도 않다. 오히려, 관대하고 자유로운 마음을 가지고 자발적으로 하나님을 섬긴다.

하나님의 사랑의 원리에 충실한 신자들은 "그 이름을 위하여 능욕받는 일에 합당한 자로 여기심을 기뻐했던"행 5:41 사도들처럼 되어간다. 참된 그리스도인은 친구와 동료를 선택하는 데 있어서도 사랑의 원칙을 따른다. 그는 자기 주위의 모든 사람들을 행복하게 해주려는 마음으로 가득하다. 무엇보다도, 동정심과 사랑으로 그들의 영적 행복을 염려한다. 그러므로, 사랑의 원리에 무관심하다는 것은 그만큼 참 신앙이 결여되어 있다는 증거이다.

참된 그리스도인은 앞을 바라본다

참된 그리스도인은 이 세상이 그의 안식처가 아님을 인정한다. 그는 이 세상에서 마지막 순간까지 순례자이자 이방인이다. 그는 군사이다. 그가 치르는 전쟁은 이 세상을 떠나는 순간까지 계속된다. 그는 어둠의 세력과 세상의 유혹과 자기 내면의 죄성과 더불어 끊임없이 싸우고 투쟁한다.

살아가는 동안 계속되는 싸움, 시련, 어려움, 무력함 등을 겪으면서 그는 죄의 속박으로부터 완전한 구원을 받게 될 약속의 날을 바라보게 된다. 그때가 오면, 모든 슬픔과 한숨이 사라지게 될 것이다. 그는 복된 하나님의 나라를 기대한다. 그곳에서는 온전한 사랑이 이루어진다. 그리고, 모두가 영원히 한 가족으로 살며, 함께 소리 높여 복을 베풀어주신 하나님께 감사의 찬양을 드린다. 참된 그리스도인은 죽음을 두려워하지 않는다. 참 신자는 늘 한결같은 마음으로 살아간다.

2. 복음의 근본 교리를 인정하는 사람들을 위한 제언

앞 장에서 우리는 오늘날 많은 그리스도인들이 복음이 제시하는 것을 잘못 오해하는 잘못을 저지르고 있음을 살펴보았다. 복음은 크게 두 가지를 제시한다. 하나는 인간의 부패한 죄성을 고백하는 회개이며, 다른 하나는 하나님의 은총을 의지하고 사는 믿음이다.

성경과 경험을 통해서 볼 때, 진정한 회개와 살아 있는 신앙이 곧 거룩한 삶을 살아가는 근본 원리이자 토대임을 확신하게 된다. 하지만, 우리는 또 다른 실수를 저지르지 않도록 주의해야 한다. 즉 그리스도의 십자가 앞에 겸손히 엎드려 회개했다고 해서 이것으로 모든 일이 다 끝났다고 생각해서는 안 된다.

그리스도의 공로에 의지하여 용서를 받고, 성령의 도우심으로 의의 열매를 맺는 삶을 살아가는 동안에도 그리스도인들은 다시 죄에 빠질 수 있다. 그럴 때에는 다시 회개하는 것이 필요하다.

그리스도인들 중에는 '신앙 생활'을 막연하게 생각하는 이들이 많다. 이들은 기독교가 말하는 인간의 보편적인 죄성, 회개와 겸손, 거룩한 삶 등에 대해 동의한다. 하지만, 깨어 있는 자세로 열심히 자신을 쳐서 복종시킴으로써 죄성을 극복하려는 노력은 하지 않는다.

복음의 사역자들을 향한 경고

기독교 사역자들 가운데는 능력도 있고 충실하여 성공적인 목회를 하면서도, 너무 막연하게 복음의 교훈을 제시하는 이들이 없지 않다. 이들은 인간의 부패한 마음이 어떻게 작용하는가를 구체적으로 밝히고, 청중에게 어떤 영적 싸움이 필요한가를 교훈하지 않고 막연히 기독교의 일반적인 진리를 늘어놓는 것으로 만족한다.

이들의 말은 귀에 듣기만 좋을 뿐 신앙의 발전이나 삶의 변화를 이끌어 내지 못한다. 결국, 청중들은 그저 입으로만 '비참한 죄인'이라고 고백할 뿐이지, 구체적으로 자신의 죄 있는 모습을 보고 그것을 고쳐 나가지 못하게 된다.

거룩에는 지름길이 없다

거룩에는 지름길이 없다는 사실을 명심해야 한다. 은혜 안에서 성장해 가고, 계속해서 덕행을 실천해 가는 것은 일생의 과업이다. '도의 초보를 버리는 것'이 필요하다히 6:1. '의를 행하는 자만이 의롭다' 요일 3:7 참조. 만일 '성령의 열매'를 맺지 못하면 실제로 성령을 받았다는 충분한 증거가 될 수 없다갈 5:22.

"그리스도의 영이 없으면 그리스도의 사람이 아니다" 롬 8:9. 다시 말해서, 근본적인 삶의 변화가 없으면, 성경의 교리를 무시하고 경멸하는 것이나 다름없다.

혼자서 속으로 겸손하고 골방에서 기도만 한다고 해서 세상이 알아주지 않는다. 세상은 겉으로 드러난 행위를 통해 우리를 판단한다. 만일 우리가 기독교 신앙을 가졌다고 하면서 세상 사람들과 똑같이 부와 야망을 추구하고, 자기 자랑과 허식을 일삼는 것을 좋아하고, 기질상 보통 사람과 다름없이 행동한다면, 세상은 우리가 괜히 거룩한 척하고 세상에 무관심한 척할 뿐이라고 생각하게 된다. 결국, 이 같은 삶을 사는 것은 다가올 하나님의 진노를 피하고 영원한 행복을 누릴 수 있도록 우리에게 주어진 하나님의 은혜를 짓밟는 행위와 같다.

진정 참된 그리스도인이라면, 마음과 행위를 늘 신중하게 살펴야 한다. 모범적인 신앙인들과 경건 서적들을 통해 – 특히 뛰어난 신앙 인물의 삶을 통해 – 구체적으로 삶에서 악을 정복하고 거룩한 삶을 살아가는 방법을 부지런히 배워 나가도록 힘써야 한다. (윌버포스는 여기에서 자신이 읽어 온 많은 신앙 인물들의 삶을 언급한다. 그 중에는 알려지지 않은 인물도 있고, 알려진 인물도 있다. 알려진 인물들로는 로버트 레이턴 대주교, 매튜 헤일, 필립 도드리지, 리처드 백스터, 존 웨슬리, 헨리 마틴, 커널 가드너 등이 있다.)

자기 자신의 성격과 생각을 면밀하게 관찰해 나가면, 인간의 마음이 어떤 식으로 되어 있는지 알게 될 것이다. 인간의 마음이 부패했다는 것을 알면, 악에 치우치지 않도록 지켜 나갈 수 있다. 겸손해지고, 양심이 부드럽게 되며, 건전한 정신을 유지하게 될 것이다. 이러한 것들이야말로 참 그리스도인의 표징이다.

사도가 말하고 있는 바와 같이, 우리는 부단한 노력을 기울여 그리스도의 종으로서의 부르심에 합당한 삶을 살아가야 한다. 이러한 삶을 살아갈 때 궁극적인 승리를 거두게 될 것이다. "이같이 하면 우리 주 곧 구주 예수 그리스도의 영원한 나라에 들어감을 넉넉히 너희에게 주시리라" 벧후 1:11.

3. 불신자들을 위한 제언

두렵게도, 날로 불신자들이 늘어가고 있다. 본서는 주로 그리스도인을 위한 것이고, 불신자들과는 크게 관련이 없다. 하지만, 그럼에도 불구하고 그들을 불쌍히 여기는 마음으로 몇 마디 언급하고자 한다. 그들에게 묻고 싶다. "당신들의 판단에 기독교가 진리가 아니라고 하자. 하지만, 최소한 과연 그러한지 면밀한 조사를 해볼 필요가 있다고 생각지 않는가?"

베이컨, 밀턴, 로크, 뉴턴 등과 같은 인물들은 기독교를 조사하고 깊이 연구했다. 이들은 탁월한 식견과 지식으로 편견과 맞서 싸운 인물들로서 인류의 존경을 받고 있다. 이들은 영국의 역사상 가장 뛰어난 사람들 중에 속한다. 이들 모두 신자들이다.

기독교의 진리를 부인하는 불신자들에게 묻고 싶다. "과연 이 사람들처럼 당신들도 기독교의 진리에 관해 철저히 조사해 보았는가? 최소한 단 한 번이라도 진지한 노력을 기울여 기독교 신앙의 진실성을 생각해 보았는가?" 사실, 맑은 정신으로 진지하게 기독교의 진리를 생각해 본다면 믿음을 갖지 않을 수 없다. 불신앙은 경솔함과 세속적인 삶을 좋아하는 데서 비롯된다. 결국, 이 같은 태도를 갖는 까닭에 기독교의 근본 교리와 신앙에 대해 편견과 오류를 범하게 되는 것이다.

무신론의 발원과 성장

불신앙은 젊은 사람들을 이름뿐인 그리스도인으로 만드는 데서 비롯된다. 어린 자녀들은 부모를 따라 교회에 나간다. 그곳에서, 예배를 드리면서 성경 말씀을 듣게 된다. 부모들 가운데는 과거의 방식대로 요리문

답서를 가지고 자녀를 가르치는 이들도 있다. 어쨌든, 이런 식으로 젊은 사람들은 성경의 내용에 익숙해져간다.

하지만, 세상으로 첫걸음을 내딛을 때부터 상황은 달라진다. 이들은 젊음의 유혹에 빠지게 되고, 성경을 읽는 습관을 버리게 되며, 종교적인 의무를 이행하지 않게 된다. 어렸을 때 배웠던 생각을 계속 발전시키고 연구하여 성숙한 신앙에 이르려고 하지 않는다. 이들이 혹 해외로 나가게 되면, 다른 나라에 있으니 더욱 신앙의 의무에 무관심해질 수밖에 없다. 그리고, 이들은 종교의 논쟁을 다룬 책들만 읽으려고 한다.

그러면서, 때때로 교회에 나가기도 한다. 하지만, 교회에 가면 갈수록 더욱더 신앙에 대해 반감을 갖게 된다. 이들은 교회에 다니는 사람들이 미신적이라고 판단하고, 자신이 그들보다 도덕적으로 우월하다는 자부심을 갖는다. 이들은 기독교 신앙을 가졌다고 하면서 신앙의 모범을 보이지 못하는 사람들을 볼 때 더욱더 신앙에 혐오감을 느끼게 된다. 또한, 자신들과 똑같이 스스로에 대해 무지하면서 옳은 체하는 엉터리 같은 사람들을 볼 때 넘어진다. 어쨌든, 점차적으로 기독교를 의심하는 마음이 서서히 싹트기 시작한다. 이들의 마음속에는 거짓된 안도감이 자리를 잡게 된다. 새로운 주장을 통해 의심하는 마음이 더욱 강화되고, 마침내 기독교 신앙 전반에 걸쳐 깊은 불신감을 갖게 된다.

물론, 항상 이러한 과정을 밟는 것은 아니다. 하지만, 대부분의 경우 이와 같은 경로를 거쳐 무신론에 이르게 된다. 우리 중에는 가까운 사람들이 불신앙에 빠져 걱정하는 이들이 있다. 그들의 말을 들어보더라도, 대개 이와 같은 식으로 불신앙에 빠지게 되었다는 말을 들을 수 있다. 식견이 뛰어난 불신자들의 글을 보더라도 그들이 이러한 식으로 신앙에 대해 회의하게 되었다는 사실을 확인할 수 있다. 그들도 불신앙을 갖기 전에는 기독교의 진리를 믿었던 사람들이고, 가문 대대로 신앙 생활을 해 온 가정에서 태어난 사람들이었음을 발견하게 된다.

그렇다면, 어떻게 무신론자가 되었을까? 한마디로, 이성적 사고와 탐구를 통해 불신앙에 이르게 된 것이 아니다. 오랜 세월 동안 경솔하고 불경건한 삶을 살아온 결과, 결국 시간이 경과하면서 신앙을 잃게 된 것이다. 그들의 삶은 경솔한 편견에서 비롯되어 결국 도덕적인 타락으로 귀결된다. 열심히 탐구하고 논쟁한 결과로 불신앙에 빠진 것이 아니라, 도덕적인 타락으로 인해 불신앙에 빠지게 된 것이다. 일반적으로, 불신앙은 그 사회의 도덕적인 타락에 비례하여 퍼지게 된다. 주변 사람들이 모두 이렇게 하는 것을 보면, 별다른 우려감 없이 불신앙에 빠져들게 되는 것이다.

불신앙의 중간 단계로서의 유니테리언주의

기독교를 아예 부인하는 이들도 있고, 명목상으로나마 기독교 신앙을 가지고 있는 사람들도 있다. 그리고, 그 중간에 유니테리언주의자들이 있다. 어떤 이들은 영구적으로 유니테리언주의를 신봉하게 되는 이들도 있고, 어떤 이들은 잠시 유니테리언주의에 머물렀다가 아예 불신앙으로 나아가는 이들도 있다.

유니테리언주의를 가르치는 이들은 엄격한 도덕률을 가지고 있는 기독교를 노골적으로 비판하지 않는다. 이들은 하나님의 사랑을 강조하고, 신앙 생활을 유지해 간다. 하지만, 순결한 삶을 살지도 않고, 하나님의 말씀이 요구하는 생각을 갖지도 않는다. 어떤 생각을 갖고 있느냐에 따라 기독교의 참된 능력을 경험하는 삶을 사느냐 못 사느냐가 결정된다.

유니테리언주의는 다만 이론적인 이해를 추구하는 것뿐이다. 이것은 어떤 마음가짐으로 살아가야 하는가에 대해서는 별로 가르치는 바가 없다. 유니테리언주의는 기독교 교리 가운데 지성적으로 이해하기 불가능한 것을 고치려고 하는 일에만 모든 노력을 기울인다. 이들은 자연신론자들보다 한술 더 뜬다. 이들은 정통 기독교의 근본 교리를 강한 어조로 공격하며, 그 교리를 버리라고 종용한다. 또한 기독교 교리가 이성적으로 납득될 수 없다는 사실을 강조하며 그럴 듯한 반증을 편다. 그들의 논리를 따른다면, 기독교의 모든 근본 교리는 무너지게 되고 결국에는 무신론으로 귀결될 수밖에 없다.

계시를 거부하는 이들은 대개 반쪽 신자들인 경우가 많다. 이들은 '기독교 신앙 안에 무엇인가가 있다.'고는 인정하지만, 그 근본 교리들은 부인한다. 이들은 기독교 진리에 대해 어정쩡한 입장을 취한다. 그렇다고 자신들을 불신자로 생각하지도 않는다. 결국, 이들은 신자도 아니고 불신자도 아닌 중간 입장에 서 있다고 할 수 있다. 하지만, 그들이 여전히 성경을 보고 있고 그 권위를 완전히 거부하지 못하고 있다면, 그들은 자신들의 '중간 입장'의 근거를 찾지 못하고 있는 것이 아니겠는가?

4. 참 그리스도인을 절실히 요구하는 우리 시대

본서는 참된 그리스도인이라고 불리기에 합당한 이들을 향해 많은 것을 말해 왔다. 참된 그리스도인들은 사회에서 없어서는 안 될 존재들이다. 건전한 생각을 지닌 경험 있는 정치 지도자라면 그 누구도 이 점을 부인하지 못할 것이다. 우리 시대는 다른 그 어떤 시대보다도 참된 그리스도인이 절실히 필요한 상황이다. 신앙과 도덕이 날로 쇠퇴해 가고 있다. 물론, 다른 나라들의 상황은 이 나라보다 더욱 좋지 않다.

하지만, 이 나라의 신앙과 도덕의 쇠퇴 현상도 경종을 울릴 만한 수준에 도달했다. 조금만 생각할 줄 아는 사람이면 이 점을 볼 수 있을 것이다. 악이 점점 기승을 부리는 현상을 볼 때 불길한 마음을 갖지 않을 수 없다. 이러한 쇠퇴 현상을 막을 수 있는 자는 오직 참된 그리스도인뿐이다. 참된 그리스도인들은 열심 있는 신앙을 통해 주위 사람들에게 영향력을 행사해야 한다. 단순한 목표, 일관된 행위, 인내심 있는 노력이 필요하다. 참된 그리스도인만이 이러한 일을 해낼 수 있다.

진지하게 노력하는 참된 그리스도인이 되자

참된 그리스도인들이여! 열심을 내어 모든 일에 있어서 부르심에 합당한 삶을 살도록 노력하며, 무지로 인해 기독교 신앙을 비웃고 논박하는 사람들이 더 이상 없도록 하자. 오늘날, 많은 사람들이 그리스도인이라는 이름을 가지고 있으면서도 그분을 부끄럽게 여기고 있다. 이런 세대 속에서 그리스도의 가르침에 더욱 철저히 복종하며 살자. 이 나라를 구할 수는 없을지라도 최소한 나라를 위해 마땅히 해야 할 의무를 수행하자. 정치적인 개입보다는 참 신앙과 탁월한 도덕적 성품을 통해 영향력을 발휘하자.

항상 능동적이고 유익한 사람이 되며, 다른 사람들에게 관대하자. 자기를 부인하고, 절제 있는 삶을 살자. 게으른 것을 부끄럽게 알자. 물질적인 축복을 받은 경우라면, 헛된 허영심을 충족시키려 하지 말고, 허식을 버리고 검소한 삶을 살며, 유행의 노예가 되지 말자. 모든 일에 있어서 절제가 있는 삶을 살자. 다른 사람들을 선의와 친절로 대하는 정신을 함양시키자. 다른 사람들을 격려하여 악을 버리고 참 기독교 신앙을 회복하고 영향력을 확산시켜 나가자. 기독교의 생명력이 다시 회복되도록 열심히 기도하자.

지금의 경우처럼 민족이 어려움을 겪을 때, 국가를 위해 끊임없는 기도를 드리자. 이 나라가 날로 쇠퇴해 가는 증거가 너무나 뚜렷하다. 우리가 중보 기도를 드리면, 우주의 통치자이신 하나님께서 혹시 잠시 동안 우리의 멸망을 유보하실지 누가 알랴! 세상의 눈에는 기도하는 그리스도인들이 어리석게 보일지 모르지만, 우리는 하나님께서 그분의 종들이 살고 있는 나라에 은총을 베푸신다는 사실을 성경을 통해 확신한다.

오늘날 우리 민족이 겪는 어려움은 신앙과 도덕이 쇠퇴한 결과라고 감히 주장하는 바이다. 우리 민족의 행복은 군대나 통치자의 지혜나 백성들의 정신에 달려 있지 않다. 이 민족의 행복은 그리스도의 복음을 믿고 사랑하는 이들에게 달려 있다. 그들의 기도가 마침내 승리를 거두게 되리라고 믿는다.

이 책은 참 기독교 신앙을 회복하기 위한 작은 노력에 불과하다.

독자들이여! 이 책이 성공을 거둘 수 있도록 기도해 주기 바란다. 하나님은 작은 노력을 통해 큰 역사를 이루실 수 있다. 만일 이 책이 단 한 사람의 양심이라도 일깨워 유익한 삶을 살게 한다면, 더할 나위 없이 행복할 것이다.

유럽에 있는 대부분의 국가에 살고 있는 사람들은 하나님의 계시를 무시하고 그릇된 철학을 따르기를 좋아한다. 불신앙이 부끄러움 없이 그 고개를 들고 버젓이 대낮에 대로를 행보하고 있다. 방종과 악행이 자유롭게 행해지고 있다.

여전히 기독교의 축복을 즐거워하는 참 신앙과 경건이 보존되기를 바란다. 이 나라 안에서 그리스도의 이름이 높임을 받고, 그분을 믿는 신앙을 통해 사람들이 행복을 누릴 수 있기를 원한다. 신앙을 통한 위로와 교육이 주변 나라들과 전세계를 향해 확산되기를 진정으로 기도한다.

묵·상·과·토·의·를·위·한·질·문

for Personal Reflection or Group Discussion

1. 윌버포스는 "참 기독교는 개혁적 원리를 가지고 있다."고 말했다. 당신은 이 말에 대해 어떻게 생각하는가?

2. 우리는 자기 기만에 빠지기 쉽다. 어떤 유의 자기 기만에 빠질 수 있는지에 대해 논해 보라.

3. 우리는 여러 발달 단계를 거치면서 성장한다. 다시 말해서, 청소년, 청년, 장년, 노년을 거치면서 신앙에 있어 새로운 도전을 받게 된다. 각각의 단계에서 어떤 식으로 새로운 신앙의 도약을 모색할 수 있을까?

4. 윌버포스는 항상 겸손해야 한다고 거듭 강조했다. 아울러, 늘 회개하며 힘들더라도 애써 도덕적인 삶을 살아야 한다고 말했다. 당신의 생각은 어떤가? 그리스도인으로서 참되고 살아 있는 신앙을 가지려면 이밖에도 무엇이 필요하다고 생각하는가?

생명의말씀사

사 | 명 | 선 | 언 | 문

> 너희가 흠이 없고 순전하여……세상에서 그들 가운데 빛들로
> 나타내며 생명의 말씀을 밝혀 (빌 2:15-16)

1. 생명을 담겠습니다.
만드는 책에 주님 주신 생명을 담겠습니다.
그 책으로 복음을 선포하겠습니다.

2. 말씀을 밝히겠습니다.
생명의 근본은 말씀입니다.
말씀을 밝혀 성도와 교회의 성장을 돕겠습니다.

3. 빛이 되겠습니다.
시대와 영혼의 어두움을 밝혀 주님 앞으로 이끄는
빛이 되는 책을 만들겠습니다.

4. 순전히 행하겠습니다.
책을 만들고 전하는 일과 경영하는 일에 부끄러움이 없는
정직함으로 행하겠습니다.

5. 끝까지 전파하겠습니다.
모든 사람에게, 땅 끝까지, 주님 오시는 그날까지
복음을 전하는 사명을 다하겠습니다.

생명의말씀사 서점안내

광화문점　110-061　종로구 신문로1가 58-1 구세군 회관 2층
　　　　　TEL. (02) 737-2288 / FAX. (02) 737-4623

강 남 점　137-909　서초구 잠원동 75-19 반포쇼핑타운 3동 2층 전관
　　　　　TEL. (02) 595-1211 / FAX. (02) 595-3549

구 로 점　152-880　구로구 구로 3동 1123-1　3층
　　　　　TEL. (02) 858-8744 / FAX. (02) 838-0653

노 원 점　139-200　노원구 상계동 749-4 삼봉빌딩 지하1층
　　　　　TEL. (02) 938-7979 / FAX. (02) 3391-6169

분 당 점　463-824　경기도 성남시 분당구 서현동 269-5 서원프라자 서현문고 서관 4층
　　　　　TEL. (031) 707-5566 / FAX. (031) 707-4999

신 촌 점　121-806　마포구 노고산동 107-1 동인빌딩 8층
　　　　　TEL. (02) 702-1411 / FAX. (02) 702-1131

일 산 점　411-370　경기도 고양시 일산구 주엽동 83번지 레이크타운 지하 1층
　　　　　TEL. (031) 916-8787 / FAX. (031) 916-8788

의정부점　484-010　경기도 의정부시 금오동 470-4 성산타워 3층
　　　　　TEL. (031) 845-0600 / FAX. (031) 852-6930

파 주 점　413-012　경기도 파주시 금촌 2동 68번지 송운빌딩 2층
　　　　　TEL. (031) 943-6465 / FAX. (031) 949-6690

인터넷서점

http://www.lifebook.co.kr